Unter Verdacht

Im Internierungslager Nr. 6 Moosburg

Dr. Dominik Reither, M.A.

Bibliografische Information der Deutschen Nationalbibliothek:
Die Deutsche Nationalbibliothek verzeichnet diese Publikation
in der Deutschen Nationalbibliografie; detaillierte bibliografische
Daten sind im Internet über www.dnb.de abrufbar

1. Auflage August 2022

© 2022 Reither, Dominik

Herstellung und Verlag: BoD – Books on Demand, Norderstedt

ISBN 9783756815814

Herausgeber: Stalag Moosburg e.V.

Redaktion und Layout: Günther Strehle

Bildmotiv Umschlag: Lagereingang (Archiv Karl A. Bauer)

Inhalt

Vorwort

Dieses Buch ist eine Zusammenfassung der ausführlichen Publikation „Internment Camp No 6 Moosburg", Moosburg/Norderstedt 2021. Daher soll hier all denjenigen gedankt werden, die schon zur Entstehung dieses Buches beigetragen haben:

dem Verein Stalag Moosburg e.V., der die Umsetzung des Buchprojekts maßgeblich unterstützt hat: für die Finanzierung der Archivreise zu den National Archives Washington im Jahr 2019, Kurt Bauer für die Begleitung und die intensive Mitarbeit bei der Recherche in den USA;

den Mitarbeiterinnen und Mitarbeitern der National Archives, des Bayerischen Hauptstaatsarchivs, des Instituts für Zeitgeschichte und des Staatsarchivs Kulmbach für die wertvollen Hinweise bei der Recherche;

den Mitarbeiterinnen und Mitarbeitern der Stadt Moosburg, ganz besonders dem Stadtarchivar, Herrn Wilhelm Ellböck;

den Mitarbeiterinnen der Stadtbücherei Moosburg für die Hilfe bei der Beschaffung von Literatur;

Herrn Stadtpfarrer Reinhold Föckersperger und den Mitarbeiterinnen im Pfarrbüro für den Zugang zum Pfarrarchiv Moosburg;

Herrn Karl A. Bauer für die Erlaubnis, Bilder aus seinem privaten Bildarchiv verwenden zu dürfen;

Ein besonderes Dankeschön gilt meiner Frau Christine Metterlein-Reither für viele wertvolle Anmerkungen und besonders Günther Strehle für die Beschaffung und Bearbeitung der Bilder, die Buchgestaltung und das gelungene Layout

Einleitung

„Als Thomas am 3. Januar 1947 nach Moosburg kam, besaß er bereits das volle Vertrauen der beiden CIC-Agenten, die ihn bewachten. Sie führten ihn in das schwer bewachte Archiv des Lagers und ließen ihn vor Kästen mit 11.000 Vernehmungsprotokollen allein. 11.000 Mann saßen damals in Moosburg."[1]

So schreibt Mario Simmel in seiner Agentengeschichte „Es muss nicht immer Kaviar sein", die in der Kriegs- und Nachkriegszeit spielt. Moosburg ist damit einer der Orte der Handlung, neben Lissabon, Paris, Marseille, München und Berlin.

Auch wenn die Handlung und die Personen in Simmels Roman fiktiv sind – das Internierungslager Moosburg hat es tatsächlich gegeben.

Nach der Befreiung des Kriegsgefangenenlagers Stalag VII A am 29.04.1945 und dem Abtransport der Kriegsgefangenen in den folgenden Wochen existierte auf dem Stalag-Gelände vom 08.06.1945 bis zum 01.04.1948 das Civilian Internment Camp No. 6 / Internierungs- und Arbeitslager Moosburg. In diesem Internierungslager für Zivilisten hielten die Amerikaner und ab Herbst 1946 das bayerische Staatsministerium für Sonderaufgaben Personen fest, von denen sie annahmen, dass sie Funktionäre des NS-Regimes oder Kriegsverbrecher waren.

Bei den Internierungslagern handelt es sich um ein wenig bekanntes Element der zahlreichen Entnazifizierungsmaßnahmen. Sie stehen gleichzeitig im Ruf besonders schlechter Lebensbedingungen bis hin zum Vorwurf, dass hier die Amerikaner der Willkür und der Rache der Sieger freien Lauf gelassen hätten. Die Geschichte der Civilian Internment Camps, vor allem die Lebensbedingungen in den Lagern, ist vergleichsweise wenig erforscht, ebenso, welche Personen in den Lagern interniert waren.[2]

Das Internment Camp No. 6 nimmt im System der Internierungslager eine wichtige Stellung ein. Es war eines der größten und am längsten bestehenden Lager in der amerikanischen Zone. Gleichzeitig war es das erste Lager, das im Herbst 1946 in deutsche Verantwortung übergeben wurde. Das Zusammenspiel der deutschen Verwaltung und der amerikanischen Dienststellen, insbesondere die daraus resultierenden Probleme, zeigten sich daher am Lager Moosburg geradezu exemplarisch.

Daraus ergeben sich Fragen in mehreren Bereichen:

Wer befand sich im Lager? Aus welchen Gründen wurden die Lagerinsassen verhaftet? Wie wurden die Internierten behandelt? Wie waren ihre Lebensbedingungen? Zu wie vielen Todesfällen kam es und was waren die Gründe dafür? Wie verliefen die Entnazifizierung und die politische Bildung? Wie standen die Lagerinsassen zu Internierung und Entnazifizierung und wie bewerteten sie den Nationalsozialismus?

Aus den Akten der Militärregierung und des bayerischen Sonderministeriums für politische Befreiung, den Berichten der US-Militärgeheimdienste, den Erinnerungen von Internierten und aus den umfangreichen Beständen im Stadt- und im Pfarrarchiv Moosburg lassen sich wichtige Erkenntnisse über das Lager Moosburg gewinnen.

Das Civilian Internment Camp No 6

1. Entstehung und Entwicklung des Internierungslagers Moosburg

Das Internierungslager Moosburg bestand vom 08.06.1945 bis zum 01.04.1948. Am 10.10.1946 ging es in deutsche Verwaltung über.

Gründe für die Errichtung des Lagers

Ausgangspunkt für die Errichtung der Internierungslager war die Entnazifizierungspolitik der Amerikaner. Sie hatten neben Demokratisierung und Demilitarisierung die „Denazifizierung" Deutschlands als Kriegsziel ausgerufen. Den Amerikanern ging es um eine völlige Ausschaltung von Nationalsozialismus und Militarismus. Deswegen sollten Funktionäre des nationalsozialistischen Deutschlands entmachtet und von den führenden Positionen in Staat und Gesellschaft verdrängt werden. Die Entnazifizierung stellte dann auch für die amerikanische Militärregierung einen Grundpfeiler ihrer Besatzungspolitik dar und hatte hier eine deutlich größere Bedeutung als in der britischen oder französischen Zone.[3]

Hinzu kamen Sicherheitsbedenken. Die Amerikaner befürchteten, dass ehemalige Funktionsträger des NS-Regimes nationalsozialistische Untergrundorganisationen aufbauen, Anschläge verüben und einen Guerillakrieg beginnen könnten. Dies war nicht völlig fernliegend, hatte doch die nationalsozialistische Führung in den letzten Kriegsmonaten die Bildung von Werwolf-Verbänden propagiert, die hinter der Front Attentate und Sabotageakte verüben sollten. Der häufig fanatische Widerstand deutscher Verbände in aussichtslosen Situationen ohne

Rücksicht selbst auf das Leben von Zivilisten bestätigte diese Sorgen. Auch ein Blick auf die Situation in Deutschland nach dem Ersten Weltkrieg ließ diese Befürchtungen als nicht unrealistisch erscheinen. Damals hatten entlassene Soldaten aus der „Konkursmasse" der kaiserlichen Armee Freikorps gebildet, die straff organisiert und mit schweren Waffen wie Panzerwagen und Feldartillerie ausgerüstet waren. Dass fanatisierte Angehörige der SS oder anderer Verbände des nationalsozialistischen Deutschlands ebenfalls im Chaos des Zusammenbruchs in erheblichem Umfang Waffen beiseiteschaffen würden, war nicht ausgeschlossen. Solche militärisch ausgebildete und kampferprobte, leistungsfähige bewaffnete Haufen würden den amerikanischen Truppen gefährlich werden können.[4]

Tatsächlich kam es bis in den Sommer 1945 immer wieder zu Anschlägen auf die US-Truppen in Bayern und zu Sabotageakten, gab es bewaffnete Gruppen ehemaliger Wehrmachts- und SS-Angehöriger, die die öffentliche Sicherheit gefährdeten.[5]

„Automatic Arrest"

Deswegen entwaffneten die US-Streitkräfte bei ihrem Vormarsch in Deutschland Militär und Polizei komplett und nahmen die Militärangehörigen in Kriegsgefangenschaft. Zivilisten, die als Funktionsträger des nationalsozialistischen Deutschlands galten, wurden nach den Grundsätzen des „automatic arrest" in Gewahrsam genommen.

Vom automatic arrest betroffen waren vor allem die Mitarbeiter von Gestapo und SD (=Sicherheitsdienst, Geheimdienst der SS), NSDAP-Funktionäre bis hinab zum Ortsgruppenleiter, alle Offiziere der SS, Führungspersonal von Polizei, SA, HJ, Nationalsozialistischem Kraftfahrerkorps (NSKK), Nationalsozialistischem Fliegerkorps

Abb. 1: Stadtplan Moosburg mit Kaserne der Wachen (1) und Internierungslager (2) (Archiv Karl A. Bauer).

besetzten Gebieten, Teile der Ministerialbürokratie, Regierungspräsidenten, Landräte und Bürgermeister von Städten mit mehr als 100.000 Einwohnern, hohe Richter und Staatsanwälte. Auch Generalstabsoffiziere konnten nach der Entlassung aus der Kriegsgefangenschaft im We–ge des automatic arrest erneut festgenommen werden. Es ging im Rahmen des automatic arrest also nicht um eine Bestrafung wegen individuell begangener Verbrechen, sondern die betroffenen Personen wurden automatisch deswegen verhaftet, weil sie im nationalsozialistischen Staatswesen bestimmte Tätigkeiten ausgeübt oder Positionen innegehabt hatten. Dieses schematische Vorgehen, ohne Rücksicht auf den Einzelfall, erleichterte den US-Truppen die Arbeit, führte aber immer wieder zu Ungerechtigkeiten und Fehlentscheidungen. Vor allem in den ersten Monaten nach Kriegsende gab es mehrere Verhaftungswellen.[6]

(NSFK), Reichsarbeitsdienst (RAD) und Deutscher Arbeitsfront (DAF), zudem Reichsminister, Staatssekretäre, Länderminister, Leiter der Reichsbehörden oder bestimmter Institutionen wie der Reichsbank, Funktionäre des Reichsnährstandes, die Befehlshaber der Verwaltungen in den

In Moosburg kam es im Zuge des automatic arrest ebenfalls zu Verhaftungen. Im August 1945 wurde nach Angaben des „Nachrichtenblatts für Moosburg und Umgebung" (Ersatz für die Moosburger Zeitung in der Nachkriegszeit) ein Kreisamtsleiter der Deutschen Arbeitsfront

Abb. 2: Blocktor, Blick auf eine Lagerstraße (Doerfler H. (Hg.), Freiheit).

in „Schutzhaft" genommen. Offensichlich benützte man den Jargon der Nazizeit weiter.[7]

Planungen der deutschen Opposition

Viele Widerstandsgruppen, von links bis konservativ, entwickelten ebenfalls Konzepte für Internierungen von NS-Funktionären.

Johannes Popitz (1884-1945), der von der Gruppe um Graf Stauffenberg als Finanz- und Kultusminister vorgesehen war, forderte, dass NSDAP und Gestapo aufgelöst und Gauleiter, Kreisleiter sowie höhere SS- und Polizeiführer und die Leiter der Propagandaämter festgenommen werden sollten, solange, bis der Zweck der Verhaftung erreicht sei.[8]

Noch weiter gingen die Überlegungen im Plan „Walküre" der Widerstandskämpfer des 20. Juli, dem Konzept zur Umsetzung des Staatsstreichs nach der Beseitigung Hitlers. Danach sollten alle Dienststellen der Partei, der SS, der Gestapo und des SD ausgeschaltet und besetzt und Gauleiter, Oberpräsidenten, Reichsstatthalter, Höhere SS- und Polizeiführer, die Leiter der Gestapo-, SS- und SD-

Dienststellen, Leiter der Propagandaämter und Kreisleiter automatisch verhaftet werden. Nach Ermessen der Wehrkreisbefehlshaber konnten SS-Führer, Ortsgruppenleiter, Regierungspräsidenten, Landräte, Oberbürgermeister und Bürgermeister ebenfalls in Arrest genommen werden. Darüber hinaus waren Festnahmen vorgesehen, soweit sie zur Aufrechterhaltung der Sicherheit notwendig waren. Von dieser Ermächtigung sollte eher zu viel als zu wenig Gebrauch gemacht werden.[9]

Im linken Spektrum des deutschen Widerstands plante man umfangreiche Entnazifizierungsmaßnahmen. Die verschiedenen Organisationen der SPD und der ihr nahestehenden Gruppen propagierten großangelegte Entlassungen und Enteignungen all derjenigen, die zu Unrecht Vermögen erworben hatten, sowie die Aburteilung aller, die sich Verbrechen schuldig gemacht hatten, außerdem der NS-Funktionäre und der Angehörigen von Gestapo und SS.[10] Am weitesten ging hier die SOPADE (Auslandsorganisation der SPD während des Dritten Reichs): Volkstribunale sollten NS-Funktionäre von den Gauleitern bis hin zu besonders aktiven Ortsgruppenleitern, höhere Beamte von Gestapo und SD sowie alle Personen in Staat, Militär, Wirtschaft und öffentlichem Leben, die dem Nationalsozialismus zur Macht verholfen oder seine Herrschaft oder die Kriegsvorbereitungen gefördert hatten, zum Tode oder lebenslanger Haft verurteilen. „Reinigung und Sicherung erlauben nicht das Weiterleben der Hauptverantwortlichen." Volksgerichte sollten zusätzlich Straftaten ahnden und zwar mit Zuchthaus oder Tod. Nach Verbüßung seiner Strafe war ein Verurteilter „als gefährlicher Staats- und Volksschädling" auf unbestimmte Zeit in ein Arbeitslager einzuweisen. Ebenso sollten alle NS-Funktionäre bis hinunter zum Ortsgruppenleiter, alle Angehörigen von SS, Gestapo und SD auf unbestimmte Zeit in Arbeitslagern interniert werden, da nicht anzunehmen sei, dass sie sich in eine andere Ordnung eingliedern könnten.[11]

In der KPD wurden neben einer Verhaftung und Bestrafung der Kriegsverbrecher und der Beschlagnahme des Vermögens der Kriegsgewinnler und Kriegsschuldigen die sofortige Verhaftung aller Reichs- und Gauleiter der NSDAP, der Beamten der Gestapo, des SD und aller SS-Offiziere vom Scharführer aufwärts diskutiert.[12]

Konzepte der deutschen Politik in der Nachkriegszeit

Generell standen in der unmittelbaren Nachkriegszeit die deutschen Politiker einer umfassenden Entnazifizierung zunächst positiv gegenüber. Die Entnazifizierung war ein wichtiges Thema bei den Sitzungen des ersten bayerischen Nachkriegskabinetts unter Fritz Schäffer (1888-1967).[13] Im Regierungsprogramm seines Nachfolgers Wilhelm Hoegner (1887-1980, Ministerpräsident 1945-1946, 1954-1957) steht an erster Stelle die Entnazifizierung: „Die neue Staatsregierung ist entschlossen, den Einfluss des Nationalsozialismus im öffentlichen und wirtschaftlichen Leben, besonders in der Beamtenschaft, vollkommen auszutilgen. [...] Wer es vorzog, andere Unschuldige leiden zu lassen, verdient keine Gnade. [...] Die nationalsozialistischen Verbrecher sollen zur Rechenschaft gezogen werden [...]!"[14]

Sogar die Internierten zeigten zumindest teilweise Verständnis. So fragte sich ein Internierter hinsichtlich des automatic arrest: „Aber kann man unseren Feinden verdenken, wenn sie uns mißtrauen?"[15]

„Security Threats"

Außerdem internierten die Amerikaner Personen, die sie als Sicherheitsrisiko für die US-Truppen einschätzten, als „Gefahr für die Sicherheit" („security threat"). Der Begriff „Gefahr für die Sicherheit" war nur vage definiert. Er umfasste diejenigen Personen, die weder unter die

Kategorien des automatic arrest fielen noch im Verdacht standen, Kriegsverbrechen begangen zu haben. Die Amerikaner nahmen vielmehr an, dass sie auf irgendeine Weise den amerikanischen Truppen gefährlich werden konnten. In der Regel entschieden die US-Befehlshaber vor Ort, wer als Sicherheitsrisiko galt, wobei sie einen weiten Ermessensspielraum hatten. So kam es teilweise zu drastischen Maßnahmen. In einem Ort, in dem gerüchteweise ein Angriff von Werwolf-Verbänden bevorstehen sollte, verhafteten die amerikanischen Truppen zum Beispiel 19 Einwohner, um die Bevölkerung vor antiamerikanischen Protesten zu warnen. Als „security threats" konnten aber auch Künstler, Ärzte oder Freiberufler gelten, wenn von ihnen irgendwelche Aktivitäten gegen die Besatzungsmacht zu erwarten waren.[16]

Kriegsverbrecher

Die Amerikaner versuchten zudem, Kriegsverbrecher festzusetzen. Als Kriegsverbrecher galten alle, die gegen internationales Kriegsrecht oder Kriegsbräuche nach dem Völkerrecht verstoßen hatten. Kriegsverbrechen konnten nach dem Verständnis der Amerikaner nicht nur von Angehörigen der Streitkräfte, sondern auch von Zivilisten begangen werden. Dies traf zum Beispiel auf die Ermordung abgeschossener alliierter Flieger durch Zivilisten zu. Unter diese Kategorie fielen aber auch Personen, die in den KZs Gefangene misshandelt oder getötet hatten.[17]

Auf der Schwarzen Liste

Schließlich verhafteten die Amerikaner noch in geringem Umfang Personen, die auf einer nicht näher definierten „Schwarzen Liste" standen. Es handelte sich um Personen, die unter keine der vorgenannten Gruppen fielen, aber dennoch festgehalten werden sollten.[18]

Unterbringung der Internierten in Lagern

Die Zahl der Verhafteten war groß. Ab Mai/Juni 1945 wurden in der amerikanischen Besatzungszone durchschnittlich 700 Personen pro Tag festgenommen. Im September 1945 befanden sich 80.000 Menschen in Gewahrsam, Ende 1945 sogar 117.000.[19]

Eine Unterbringung in regulären Gefängnissen kam nicht in Frage, da deren Kapazitäten für Straftäter benötigt wurden. Die Amerikaner brachten die Internierten deswegen in ehemalige Konzentrationslager (zum Beispiel Dachau, hier wurden viele der mutmaßlichen Kriegsverbrecher festgehalten), Kasernen (wie Garmisch-Partenkirchen) oder frühere Kriegsgefangenenlager wie in Moosburg. Im November 1945 existierten in Bayern die Lager Garmisch-Partenkirchen, Dachau, Moosburg, Natternberg, Plattling, Straubing, Hersbruck, Stephanskirchen und Altenstadt. Anfang 1946 gab es in der amerikanischen Besatzungszone elf Internierungslager.[20]

Das Lager unter amerikanischer Verwaltung: „Civilian Internment Camp No. 6"

Die ersten Internierten kamen am 08.06.1945 im Internierungslager Moosburg an.[21] Damit gehörte das Internment Camp No. 6 wie Natternberg (No. 5) oder Garmisch-Partenkirchen (No. 8) zu den ersten Lagern in Bayern.[22]

Wie schnell sich das Lager füllte, zeigt die Tatsache, dass bei der Registrierung der Internierten bereits am 23.06.1945 die Nummer 7.120 vergeben wurde und am 26.06.1945, also nur drei Tage später, schon die Nummer 7.558 erreicht war.[23]

Generell spiegeln die Belegungszahlen die Entwicklung der Internierungspraxis, insbesondere des automatic arrest, wider. Mitte Dezember 1945 war das Lager mit rund 9.700 Internierten im Alter von 16-80 Jahren belegt. Bis Sommer 1946 befanden sich zudem 300-400 Frauen im Camp, die man dann an andere Orte verlegte. In den ersten Monaten des Jahres 1946 hatte das Civilian Internment Camp No. 6 den Höchststand seiner Belegung erreicht. Nach Schätzung des katholischen Stadtpfarrers, der dort als Seelsorger tätig war, lebten zu diesem Zeitpunkt rund 12.000 Internierte im Lager. Moosburg gehörte damit zu den größeren Camps in der amerikanischen Besatzungszone, das größte, Darmstadt, hatte bis zu 28.000 Insassen.[24]

Zu ersten Entlassungen war es schon im Sommer/Herbst 1945 gekommen. Im September 1945 wurden aus dem Lager Moosburg 700-1.000 Insassen entlassen, die als „security threats" verhaftet worden waren, die die Amerikaner jetzt aber nicht mehr als gefährlich einschätzten.[25] Im November 1945 wurden Ausschüsse eingesetzt, die die Freilassung von Internierten prüfen sollten. Da es schwierig war, geeignetes Personal für diese Ausschüsse zu finden, ging deren Arbeit nur schleppend voran. Trotzdem kamen so bis September 1946 bayernweit 17.000 Internierte frei.[26]

Im Sommer 1946, vor der Übergabe des Lagers an die deutschen Behörden, verlegten die Amerikaner mutmaßliche Kriegsgefangene oder Personen, die sie als Zeugen in Kriegsverbrecherprozessen benötigten, nach Dachau. Hier wurden in der Folge entsprechende Verfahren durchgeführt.[27] Ende 1946 waren im Lager daher nur mehr rund 7.000 Personen interniert.[28]

Übergabe des Lagers an die deutschen Behörden

1945 hatten die Amerikaner die Entnazifizierung noch weitgehend selbst durchgeführt. Im März 1946 erließ Bayern, wie die anderen Länder der amerikanischen Besatzungszone, nach Aufforderung durch die Amerikaner ein Entnazifizierungsgesetz, das auf Richtlinien der US-Militärregierung beruhte. Die Entnazifizierung ging nun in deutsche Hände über, die Amerikaner behielten sich aber Aufsichts- und Kontrollbefugnisse vor. Dies bedeutete, dass zwar nach außen hin deutsche Dienststellen als Verantwortliche erschienen, die Letztentscheidungsbefugnis verblieb jedoch bei der US-Militärregierung.[29]

Deswegen übergaben die Amerikaner die Internierungslager in ihrer Besatzungszone an deutsche Behörden. Das erste Camp, das übertragen wurde, war das Internment Camp No. 6. In einer Zeremonie am 10.10.1946 in Moosburg übergaben General Mc Bride als Vertreter der zuständigen 3. US-Armee und General Muller als Vertreter der US-Militärregierung das Lager an Sonderminister Pfeiffer. Beide Amerikaner betonten in ihren Ansprachen, dass nun die Zeit gekommen sei, nicht mehr nach den Kriterien des automatic arrest vorzugehen, sondern im Rahmen der Entnazifizierung individuelle Schuld festzustellen. Die Durchführung der Entnazifizierung durch deutsche Behörden wurde dabei als eine

Abb. 3: Rede des Generalmajors Horace L. McBride zur Übergabe des Lagers in deutsche Verwaltung (National Archives Washington).

Abb. 4: Unterzeichnung des Übergabevertrags, v.l. Brigadegeneral Walter J. Muller, Sonderminister Dr. Anton Pfeiffer, Ministerpräsident Wilhelm Hoegner (National Archives Washington).

Art Bewährungsprobe gesehen. Dadurch könnten die deutschen Stellen beweisen, dass sie in der Lage seien, einen demokratischen Staat aufzubauen.[30]

Das Internierungs- und Arbeitslager Moosburg

Ab Anfang 1947 stieß eine weitere, zahlenmäßig kleine Gruppe zu den bisherigen Internierten. Personen, die im Rahmen der Entnazifizierung zu Zwangsarbeit verurteilt worden waren, wurden nun in die Internierungslager, unter anderem in Moosburg, eingeliefert. Die Lager hießen daher nun Internierungs- und Arbeitslager. Die Zahl der Arbeitslagerhäftlinge blieb aber gering. Im April standen bayernweit 1.974 Arbeitslagerhäftlingen 24.777

Internierte gegenüber. Erst nach und nach stieg die Quote der Arbeitslagerhäftlinge an.[31]

Kritik an Internierung und Entnazifizierung

Im März 1947 waren rund 7.500 Personen, im April 1947 noch etwa 6.800 in Moosburg interniert, im Dezember 1947 schließlich nur noch 1.122.[32]

Hintergrund für diesen Rückgang war eine Änderung der Entnazifizierungspolitik. Hatten Amerikaner und deutsche Öffentlichkeit 1945 noch ein hartes Vorgehen gegen Funktionäre des Dritten Reiches gefordert, kam es nun auf beiden Seiten zu einem Meinungsumschwung.

Im Zuge des sich entwickelnden Kalten Krieges wurden zunehmend Deutsche als Mitarbeiter gebraucht, selbst wenn sie Anhänger oder Aktivisten des Nationalsozialismus gewesen waren. Endgültiger Wendepunkt war die sowjetische Blockade Westberlins. Die westlichen Alliierten betrachteten Deutschland nicht mehr als Feind, sondern als zu schützenden zukünftigen Partner. Eine konsequente Weiterverfolgung der Entnazifizierung im großen Stil wurde dabei als störend empfunden.[33]

Inzwischen stellte auch die deutsche Öffentlichkeit die Internierung der „kleinen Nazis" zunehmend in Frage. Ab

Abb. 5: Lagerzaun (Archiv Karl A. Bauer).

1947 distanzierten sich die politischen Parteien ebenso von der Entnazifizierung, weil sie den Verlust von „kleinen Nazis" und deren Familienangehörigen fürchteten. Außerdem galt es, möglichst viele aus dem Millionenheer der Mitläufer schnell in die neue Gesellschaftsordnung zu integrieren und zu verhindern, dass, wie nach 1918, Hunderttausende in das Lager der rechten Republikfeinde abdrifteten und ein dauerndes Gefahrenpotential für die neu etablierte demokratische Grundordnung bildeten. Schließlich glaubte man, das Wissen der internierten Fachleute zu benötigen, um die chaotischen Zustände der unmittelbaren Nachkriegszeit zu beheben. Zunehmend wurde in der öffentlichen Diskussion die Frage gestellt, ob es sinnvoll sei, zahlreiche Menschen in teuren Internierungslagern festzuhalten, statt ihre Fähigkeiten und Fertigkeiten für den Wiederaufbau ein-

Abb. 6: Neustadt 1961 (Archiv Karl A. Bauer).

zusetzen.[34] Ein Besuch des Präsidiums des Bayerischen Landtags am 01.04.1947 im Lager Moosburg führte am 25.04.1947 zu einer intensiven Debatte im Parlament über das weitere Vorgehen im Rahmen der Entnazifizierung, insbesondere gegenüber den Internierten.[35]

15

Das Ende der Entnazifizierung in der amerikanischen Besatzungszone

Im Laufe des Jahres 1947 drängten die Amerikaner darauf, die Internierungsfrage schnell zu lösen und die Internierten zu entlassen. Rasch wurden nun die Verhaftungs–

Abb. 7: Inneres einer Baracke kurz nach der Lagerauflösung (Archiv Karl A. Bauer).

kategorien gelockert und Entlassungen angeordnet.[36] Neben Entlassungen wegen Krankheit, Versehrtenstatus oder hohen Alters gab es 1946 eine Jugend- und 1947 eine Weihnachtsamnestie. Im Zuge der Jugendamnestie kamen diejenigen aus den Lagern frei, die nach dem 01.01.1919 geboren worden waren, die Weihnachtsamnestie führte zur Freilassung all derjenigen, die nur ein geringes Vermögen und Einkommen besessen hatten, soweit es sich nicht um Hauptschuldige oder Belastete handelte. Diese Amnestien betrafen in Bayern rund eine Million Personen.[37]

In der zweiten Jahreshälfte 1948 endeten schließlich die meisten Entnazifizierungsverfahren. In Folge dieser Entwicklungen sanken die Zahlen der Internierten in den bayerischen Lagern rapide. Ende Juni 1948 befanden sich dort insgesamt nur mehr 1.457 Häftlinge. Die Lager waren damit lediglich noch zu etwa 10% ausgelastet.[38]

Im März 1949 schloss das Sonderministerium mit Nürnberg-Langwasser das letzte bayerische Arbeitslager und verlegte die Häftlinge in das Landgerichtsgefängnis Eichstätt. Die letzten Arbeitslagerhäftlinge wurden im Juli 1952 entlassen.[39]

Das Ende des Internierungs- und Arbeitslagers Moosburg

Aufgrund dieser Entwicklungen war auch im Lager Moosburg von August 1947 bis März 1948 die Belegung drastisch zurückgegangen: Zunächst noch moderat von 6.111 am 15.08.1947 auf 5.082 am 15.10.1947. Sodann sanken die Belegungszahlen deutlich, nämlich auf 2.525 am 15.11.1947 und auf 1.047 am 14.12.1947. In der Folge gingen sie dann noch weiter zurück, über 935 am 16.01.1948 auf schließlich 591 am 15.03.1948.[40]

Da die Zahl der Internierten massiv gesunken war und man gleichzeitig Raum für entlassene deutsche Kriegs–

Abb. 8: Lager kurz nach der Auflösung (Archiv Karl A. Bauer).

gefangene, Flüchtlinge und Vertriebene brauchte, gab es bereits 1947 Pläne, das Lager Moosburg aufzulösen. Im November 1947 begann man, Mobiliar und Ausrüstungsgegenstände aus dem Lager abzutransportieren und Baracken abzubauen. Ab Frühjahr 1948 fing das Sonder–ministerium an, Internierungslager zu schließen, als erstes Moosburg. Zum 01.04.1948 wurde das Lager als eigenständige Einheit aufgelöst, es war ab dann eine Außenstelle des Lagers München. Die meisten Internierten verlegte man an andere Orte. Lediglich ein Arbeitskommando, das Aufräumungsarbeiten durchführte, verblieb in Moosburg. In den kommenden Wochen verließen die letzten Internierten das Lager. Nachdem Gerätschaften, Bekleidung und Verbrauchsmittel abtransportiert worden waren, ging das Lagergelände aus dem Verantwortungsbereich des Sonderministeriums in den des Landesamtes für Vermögensverwaltung über.[41]

Viele Baracken waren, fast zehn Jahre nach ihrer Errichtung, mehr oder weniger baufällig. Zusätzlich zum Abtransport von Material durch das Sonderministerium kam es noch zu Plünderungen. Das Lager befand sich daher in einem schlechten Zustand. Was mit dem Areal passieren sollte, war lange Zeit unklar.[42]

Am 12.05.1948 wurde das eigentliche Lagergelände (unteres Lager) zur Besiedelung durch Flüchtlinge und Heimatvertriebene freigegeben. Ab Juni siedelten sich hier die ersten Betriebe an. Die Kasernen der Wachmannschaft (oberes Lager) wurden am 10.06.1948 freigegeben. Nun bezogen Flüchtlinge und Vertriebene die Gebäude. Aus den beiden Geländeteilen entwickelte sich in den fünfziger Jahren ein neuer Stadtteil, die Moosburger Neustadt.[43]

2. Der Weg der Internierten ins Lager, Organisation und Verwaltung des Internierungslagers

Bei der Verwaltung der Lager verfolgten Amerikaner und Deutsche unterschiedliche Konzepte. Während die Amerikaner auf eine starke Selbstverwaltung der Internierten setzten, drängten die deutschen Behörden nach der Übernahme der Lager diese Strukturen deutlich zurück.

Die Verhaftung der Internierten

Bereits bei ihrem Vormarsch durch Deutschland nahmen die Amerikaner Personen fest, die vom automatic arrest betroffen waren, also vor allem Funktionäre der NSDAP und der ihr angeschlossenen Organisationen, Offiziere der SS oder höhere Beamte. Außerdem verhafteten sie Personen, die im Verdacht standen, Kriegsverbrechen begangen zu haben oder die Sicherheit der US-Truppen zu gefährden. Zuständig hierfür war das Counter Intelligence Corps (CIC), der amerikanische Armeegeheimdienst. Beim Einmarsch in einen Ort suchten die CIC-Agenten zunächst nach Personen, die auf Fahndungslisten („wanted lists") aufgeführt waren. Diese hatte das Hauptquartier der US-Armee erstellt. Zusätzlich zu diesen Listen stützten sich die Agenten des CIC auf Karteien, Aufstellungen und Organigramme der NSDAP und der ihr angeschlossenen Organisationen sowie von Behörden, die ihnen bei ihrem Vormarsch in die Hände gefallen waren. Zudem kamen Hinweise auf Funktionäre des Nationalsozialismus aus der Bevölkerung, wobei hier auch persönliche Rechnungen beglichen wurden. Weitere Informationen erhielt der CIC dadurch, dass er Personen in Schlüsselpositionen verhaftete, die dann die Namen weiterer Mitarbeiter preisgaben. Manchmal stellten sich sogar Mitglieder nationalsozialistischer Organisationen als Tippgeber zur Verfügung, teilweise warb der CIC gezielt Informanten an.[44]

Später durchsuchten CIC-Teams systematisch die Besatzungszone, um Personen zu finden, die unter die Kategorien des automatic arrest fielen. Dabei kam es teilweise zu großangelegten Razzien. Aber auch bei Kontrollen auf Schwarzmärkten, bei Untersuchungen wegen Waffenbesitzes oder bei der Überprüfung von Reisebescheinigungen wurden Personen verhaftet. Jeder CIC-Agent erhielt ein Handbuch, in dem die einzelnen Kategorien des automatic arrest aufgeführt waren. Im Wesentlichen waren die

Verhaftungen im Juni 1945 abgeschlossen, danach wurden nur noch wenige Personen festgenommen.[45]

Schwierigkeiten des CIC

Der CIC war jedoch mit der Situation überfordert. Die Fahndungslisten waren oft nicht aktuell, die Schreibweisen von Namen nicht korrekt. Außerdem kam es immer wieder zu Namensverwechslungen. Schließlich waren die CIC-Agenten mit den Verhältnissen in Deutschland nur unzureichend vertraut. Dies galt insbesondere für die Organisationen des NS-Regimes, ihre Hierarchien und Ränge aber auch für die deutsche Gesellschaft, Wirtschaft und Verwaltung generell. Hinzu kam, dass viele CIC-Agenten kaum Deutsch sprachen. Eine besondere Herausforderung war die Suche nach Funktionären, die mit falschen Identitäten untergetaucht waren. Es kam also vor, dass Unschuldige, die zufällig den gleichen Namen trugen wie eine gesuchte Person, interniert wurden, während immer wieder Nationalsozialisten in hohen Positionen zunächst unbehelligt blieben.

Besonders problematisch war, dass der CIC im Rahmen des automatic arrest zehntausende von Personen verhaftete, jedoch nicht genug Agenten zur Verfügung standen, um zeitnah eine solch große Zahl an Personen überprüfen zu können.[46]

Der Weg ins Lager

Die Verhafteten wurden aus den Dienststellen des CIC oder aus Gefängnissen zu den Internierungslagern transportiert. Außerdem überprüften die CIC-Agenten Wehrmachtsangehörige im Rahmen der Entlassungsprozedur aus der Kriegsgefangenschaft dahingehend, ob die Voraussetzungen des automatic arrest auf sie zutrafen. Wenn dies der Fall war, brachte man sie aus den Kriegsgefangenenlagern direkt in die Internment Camps.

In Moosburg kamen die Internierten zuerst ins Vorlager und verbrachten dort meist zwei bis drei Tage, bevor sie ins Hauptlager aufgenommen wurden. Das Moosburger Vorlager erhielt von den Internierten die Bezeichnung „Vorhölle". Die dortigen Baracken hatten keinen Fußboden und kein Mobiliar.[47]

Während der Aufnahme ins Hauptlager wurden die Internierten registriert und erhielten eine Lagernummer. Die amerikanischen Soldaten durchsuchten die Internierten und ihr Gepäck. Dabei nahmen sie ihnen alle Wertsachen, Waffen und gefährliche Gegenstände sowie Geld gegen Quittung ab. Immer wieder brachten Internierte jedoch vor, dass die Wachen bei der Durchsuchung Wertgegenstände und Geld ohne jegliche Quittierung an sich genommen hätten. Manchen gelang es dagegen, ihre Wertsachen zu behalten. So beschreibt ein Internierter, wie er seine Uhr ins Lager schmuggelte und diese später gegen Essen eintauschte, ein anderer, wie er immer wieder größere Geldbeträge nach Hause schicken konnte.[48]

Bei der Einschleusung ins Lager wurden die Internierten und ihr Gepäck entlaust, da viele nach Fronteinsatz oder der Zeit in anderen Lagern Probleme mit Ungeziefer hatten. Dies geschah in einer eigenen Baracke.[49]

Einrichtungen des Lagers

Die Amerikaner hatten die Grundstruktur und die Gebäude des Stalag VII A weitgehend übernommen. Nördlich, außerhalb des eigentlichen Camps, lag das Vorlager für die Internierten, die die Aufnahmeprozedur noch nicht durchlaufen hatten. Vor dem Lager, direkt am Mühlbach, befanden sich die Gebäude von Verwaltung und Kommandantur, vom Camp mit einem Stacheldrahtzaun getrennt. Dort war auch der Haupteingang zum Lager. Daran schloss sich ein Komplex mit Magazinen, Werkstätten und

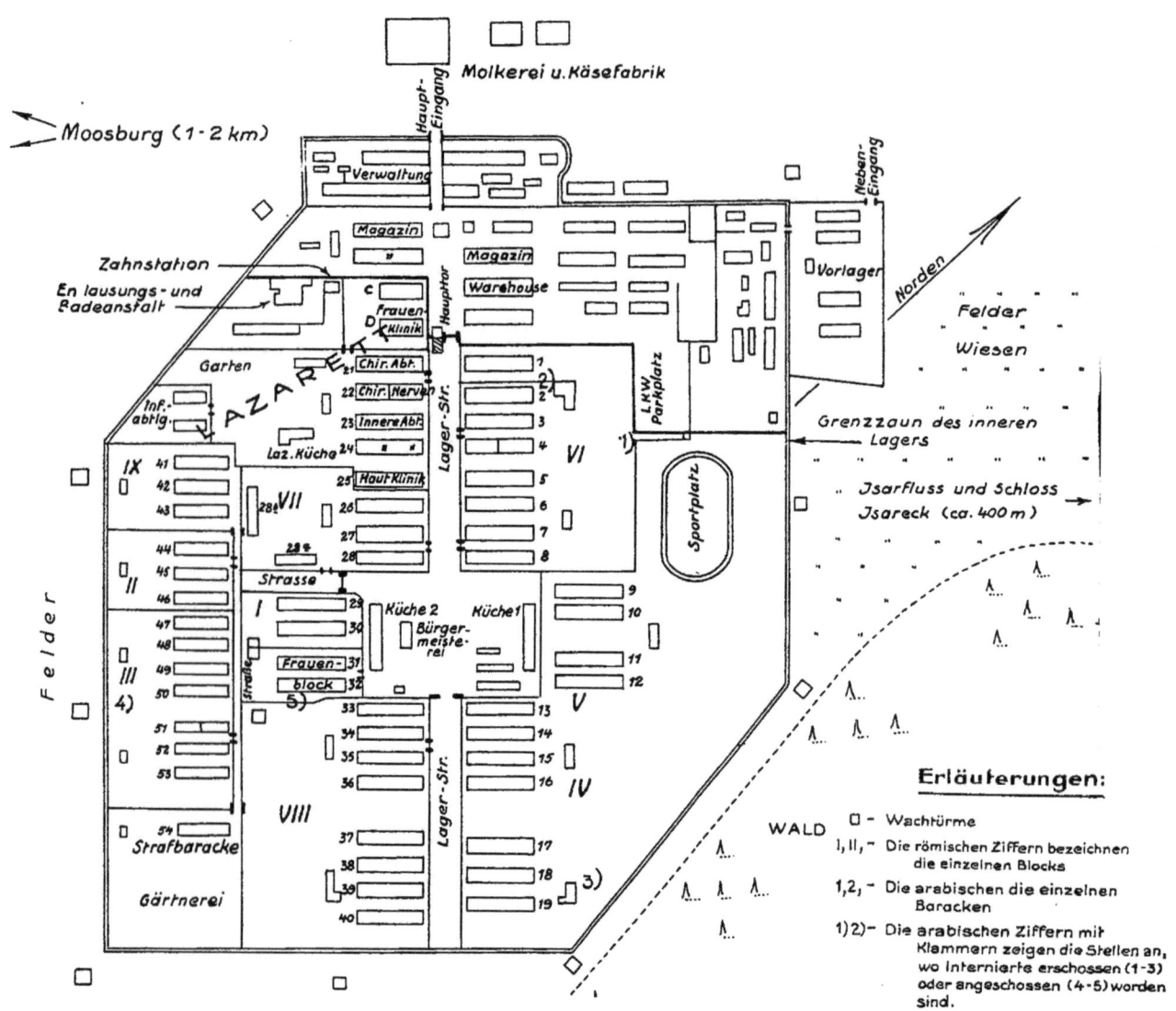

Abb. 9: Übersichtsplan des Internierungslagers Moosburg (H. Diester, Meine Erlebnisse).

dem LKW-Parkplatz an. Dann begann das eigentliche Lager. Entlang der Lagerhauptstraße, 670 m lang, war ein Großteil der Wohnbaracken giebelseitig angeordnet. Zentral auf dem Gelände lagen zwei Küchen und die Lagerbürgermeisterei. In der Nord-Ost-Ecke des Camps befand sich ein Sportplatz. Eine Strafbaracke und die Lagergärtnerei waren in der Südecke untergebracht. Den südwestlichen Bereich des Lagers nahm das Lazarett ein. In mehreren Baracken befanden sich dort die verschiedenen medizinischen Fachbereiche, außerdem eine Zahnstation, eine Lazarettküche und eine Bade- und Entlausungsanstalt. Von diesem Teil des Lazarettkomplexes abgetrennt existierten eine Frauenklinik und eine Infektionsabteilung.

Das Lager war von einem doppelten Stacheldrahtzaun umgeben, dazwischen lag ebenfalls Stacheldraht. Zusätzlich waren rund um das Lager mehrere Wachtürme positioniert, ebenso am Haupttor an der Lagerhauptstraße.

Während der Zeit der amerikanischen Lagerverwaltung waren die einzelnen Baracken in Blocks zusammengefasst. Es gab neun Blocks, zum Beispiel einen Frauenblock, einen Block für SS-Angehörige und einen „Verbrecherblock" mit zeitweise 1.000 Insassen. Es handelte sich dabei unter anderem um Polizisten, Volkssturmmänner und Betriebsführer, denen die Amerikaner Kriegsverbrechen vorwarfen.

Diese Blocks waren jeweils mit Stacheldraht umgeben, sie stellten „Lager im Lager" dar. Jeden Abend schlossen die Amerikaner die Tore zu den einzelnen Blocks. In den ersten Monaten waren die Blocks komplett voneinander getrennt. Den Verbrecherblock durften zum Beispiel nur der

Abb. 10: Wachturm (Aquarell von Jakob Hüttinger, Archiv Karl A. Bauer).

Lagerbürgermeister, die beiden Lagerpfarrer und der Sekretär des evangelischen Lagerpfarrers betreten. Später wurde diese strikte Trennung gelockert und eine Kontaktaufnahme zwischen den Insassen verschiedener Blocks war möglich.[50]

Innere Organisation - Selbstverwaltung unter amerikanischer Aufsicht

Solange das Lager unter amerikanischer Hoheit stand, war die Verwaltung zweigeteilt. Grob gesagt kümmerten sich die Amerikaner um Sicherheit und Versorgung, nicht jedoch um die inneren Angelegenheiten des Lagers. Dies übernahmen die Internierten in Eigenregie.

An der Spitze des Lagers stand ein amerikanischer Offizier, der „Commander". Sein Stellvertreter war der „Executive Officer". Des Weiteren gab es einen Sicherheitsoffizier und einen Lagerarzt. Letzterem unterstand das gesamte Sanitätswesen. Der Sicherheitsoffizier war für die Überwachung der Internierten, für die Verhinderung von Sabotage, Spionage, Flucht und Aufruhr zuständig. Zusätzlich waren noch Agenten des Militärgeheimdienstes CIC vor Ort, die die Internierten überprüfen sollten. Vor allem wegen des akuten Personalmangels beschränkten sich die Amerikaner aber weitgehend darauf, die Camps zu bewachen und dafür zu sorgen, dass keine Revolten ausbrachen.[51]

Im Lager selbst genossen die Internierten daher weitgehende Freiheit. Die Amerikaner bestimmten lediglich einen Internierten mit guten Englischkenntnissen als Mittelsmann. Inhaltlich gaben die Amerikaner nur wenige Leitlinien vor. So war das Lager militärisch zu organisieren, um einen besseren Überblick zu haben und eine gewisse Disziplin aufrecht zu erhalten. Der deutsche Mittelsmann, genannt Bürgermeister, war direkt dem amerikanischen

Lagerkommandanten unterstellt. Er hatte, wie auch seine Mitarbeiter, Armbinden zu tragen, um sich für die Amerikaner von den anderen Internierten zu unterscheiden. Der deutsche Bürgermeister hatte das Disziplinarrecht gegenüber den anderen Internierten und konnte technische Einrichtungen für die Versorgung des Lagers schaffen. Allerdings stellten die Amerikaner klar, dass der Bürgermeister lediglich ein verlängerter Arm des amerikanischen Lagerleiters war. Anordnungen konnte der Bürgermeister nur treffen, solange sie nicht gegen die Vorgaben des amerikanischen „Commanders" verstießen. Bei Beschwerden war der Bürgermeister erster Ansprechpartner der Internierten und leitete deren Vorbringen an die amerikanische Lagerleitung weiter.[52]

Abb. 11: Aus Holz geschnittener Stempel (Beck F., Hungerturm).

Hierarchische Selbstverwaltung

Die Selbstverwaltung des Lagers Moosburg war streng hierarchisch aufgebaut. Mehrere Internierte waren zu einer Gruppe zusammengefasst, die einem Gruppenleiter unterstand. Mehrere Gruppen belegten in der Baracke eine Stube, die von einem Stubenältesten geleitet wurde. Für die Baracke war der Barackenleiter verantwortlich. Die Blocks, die aus mehreren Baracken bestanden, betreute ein Blockleiter. Diese Funktionsträger wurden in geheimer Wahl von den Internierten bestimmt. Die Spitze der Selbstverwaltung bildete der von den Amerikanern bestellte Bürgermeister. Dem Bürgermeister unterstanden der zweite Bürgermeister, der assistierende Bürgermeister, der Leiter des Ordnungsdienstes (eine Art Polizei, bestehend aus Internierten, die im Lager für Ordnung sorgte) und der Leiter des Arbeitseinsatzes. Außerdem gab es noch mehrere Abteilungen der Lagerselbstverwaltung, die sich mit bestimmten Fragen wie Versorgung (Abteilung II) oder Kultur (Abteilung V) beschäftigten und jeweils mehrere Mitarbeiter hatten. In Moosburg existierte zusätzlich ein „Ehren- und Disziplinargericht", besetzt mit Internierten, das Streitigkeiten unter den Lagerinsassen schlichten und Verstöße gegen die Regeln des Lagerlebens ahnden sollte. Lagergericht und Ordnungsdienst wurden geschaffen, um Eingriffe der Amerikaner ins Lager zu verhindern, die die Internierten häufig als Übergriffe verstanden.[53]

Korruption

Die Lagerselbstverwaltung war, zumindest in der Anfangszeit, anfällig für Korruption und Vetternwirtschaft. Ein Moosburger Internierter schreibt zum Beispiel im Juli 1945, die gesamte Küchenmannschaft sei abgelöst und zu vier Wochen Einzelhaft bei Wasser und Brot verurteilt worden. Der Internierte vermutet, dass der Grund Unterschlagung von Nahrungsmitteln gewesen sei. Immer wieder konnten sich Mitarbeiter der Lagerselbstverwaltung Privilegien zuschanzen.[54]

Ende August 1945 kam es zum Versuch der Internierten, die deutsche Lagerleitung abzulösen. Die Tatsache, dass der Lagerbürgermeister von den Amerikanern ernannt worden war, empfanden viele Internierte in Block I als nicht demokratisch. Sie ließen daher eine Liste zirkulieren, in die sich alle eintragen konnten, die für eine freie Wahl des Bürgermeisters waren. Die Aktivisten gaben die Unterschriftenliste bei der Lagerbürgermeisterei ab. Die dortigen Funktionsträger, die um ihre Privilegien, vor allem

bessere Verpflegung, fürchteten, meldeten den Amerikanern, dass eine Revolte im Gange sei. Die Amerikaner ließen die Anführer der Aktivisten festnehmen und ins Lagergefängnis einliefern. Dort als Aufsicht tätige ehemalige KZ-Kapos misshandelten sie schwer. Der katholische Lagergeistliche erlitt zum Beispiel eine Nierenquetschung. Diese Gewaltausbrüche waren nicht im Sinne der Amerikaner, die auch dagegen vorgingen. So leitete die amerikanische Militärjustiz Verfahren gegen die KZ-Kapos wegen der Misshandlungen und gegen US-Soldaten wegen Verletzung der Aufsichtspflicht ein.[55]

Personal der Selbstverwaltung

Welche Gruppen von Internierten die Posten der Lagerselbstverwaltung besetzten, kann nicht pauschal beantwortet werden. Generell haben wahrscheinlich gut organisierte Gruppen wie die SS-Angehörigen größeren Einfluss auf die Verwaltung und die zu wählenden Personen ausgeübt. In Moosburg konnten ehemalige KZ-Häftlinge, teilweise Berufsverbrecher, die später hingerichtet wurden, etwa für ein halbes Jahr ab Gründung des Camps das Lager beherrschen und dabei ihre Mitinternierten schikanieren. Diese ehemaligen KZ-Insassen hatten unter anderem als Kapos ihre Mithäftlinge in Konzentrationslagern misshandelt. Von den Amerikanern wurden sie als Kriegsverbrecher betrachtet und in den Internierungslagern festgehalten. Erfahren in den Abläufen eines Lagers und als homogene Gruppe untereinander solidarisch, konnten sie schnell die wichtigsten Stellen des Camps besetzen. Dies galt vor allem für die Küche und die Materialverwaltung. Die anderen Internierten leisteten dagegen kaum Widerstand. Schließlich machten die Amerikaner diesem Zustand ein Ende.[56]

Übergang in deutsche Hoheit – Ende der Selbstverwaltung

Mit Übergabe des Camps in deutsche Verwaltung im Oktober 1946 zogen die Amerikaner ihr Personal ab, lediglich der CIC blieb im Lager, ebenso amerikanische Lageroffiziere, die weiter erhebliche Einfluss ausübten.[57]

Die bayerische Staatsregierung verfolgte während der Amtszeit von Sonderminister Anton Pfeiffer (03.07.1946-16.12.1946) einen eher gemäßigten Kurs in der Frage der Behandlung der Internierten, um in der Bevölkerung Assoziationen mit den KZs der Nationalsozialisten zu vermeiden. Unter Pfeiffer setzte das Sonderministerium einen Leiter für jedes Lager ein, der Angestellter des Sonderministeriums war. Er begann mit dem Aufbau einer offiziellen Lagerverwaltung, ließ jedoch die interne Selbstverwaltung weitgehend bestehen. Das Leben für

Abb. 12: Brigadegeneral Muller und Generalmajor McBride kosten die Suppe für die Internierten (National Archives Washington).

Abb. 13: Inspektion des Lagers durch Generalmajor McBride vor der Übergabe in deutsche Verwaltung am 10.10.1946 (National Archives Washington).

die Internierten wurde angenehmer. Der in dieser Zeit in Moosburg tätige Lagerleiter hatte den Spitznamen „Vater", weil es ihm gelang, zahlreiche Erleichterungen und Vergünstigungen für die Internierten zu erreichen und weil er ihnen großzügig Freiheiten gewährte.[58]

Diese Situation änderte sich mit der Übernahme des Sonderministeriums durch Minister Alfred Loritz (21.12.1946-24.06.1947). Seine Politik war von größerer Härte gegenüber den Internierten geprägt. Um die aus seiner Sicht zu laschen Zustände in den Lagern abzustellen, begann Loritz, Lagerleiter, die er nicht für zuverlässig hielt, zu entlassen (so auch den „Vater") und die Lagerselbstverwaltung aufzulösen. Das Amt des Lagerbürgermeisters wurde abgeschafft. Stattdessen wurden nun Interniertenverbindungs- und Interniertenvertrauensmänner tätig. Die Vertrauensmänner hatten die Aufgabe, sich mit den Leitern der deutschen und amerikanischen Dienststellen des Lagers in Verbindung zu setzen und Wünsche oder Beschwerden der Lagerinsassen geltend zu machen und die Dienststellen über die Stimmung im Lager zu unterrichten. Die Interniertenverbindungsmänner hatten die Aufgabe, die Anordnungen der deutschen und amerikanischen Dienststellen des Lagers in technischer und verwaltungsmäßiger Hinsicht durchzuführen. Die Vertrauensleute wurden gewählt. Die Verwaltung übernahmen nach und nach Angestellte des Sonderministeriums, was sich aber teilweise bis Ende 1947 hinzog, weil nicht ausreichend Personal zur Verfügung stand. Die Lagerleitung war eng an das Ministerium für Sonderaufgaben angebunden, sie musste regelmäßig in kurzen Abständen dem Ministerium detailliert Bericht erstatten.[59]

Personalintensive Verwaltung

Im Lager Moosburg wurden im März 1947 der erste und zweite Lagerbürgermeister sowie ein führender Mitarbeiter der Lagerbürgermeisterei, die sich bei den Internierten hohe Achtung erworben hatten, ihrer Ämter enthoben und in andere Lager verlegt.[60]

Tendenziell beriefen die Amerikaner während der Zeit, als die Lager unter ihrer Oberhoheit standen, eher antinationalsozialistische Internierte an die Spitze der deutschen Lagerverwaltung. Später, als unter deutscher Leitung die Internierten die Vertrauensleute wählten, gelangten dagegen mehr oder weniger ranghohe Nationalsozialisten in diese Ämter.[61]

So kann der zeitweilige Moosburger Lagerbürgermeister Dr. Gerhard Krause letztlich durchaus als Gegner des Nationalsozialismus bezeichnet werden. Krause war Jurist. Als Angestellter des Reichserziehungsministeriums war er zwar in die allgemeine SS eingetreten. Krause ließ sich jedoch zum Wehrdienst versetzen und schloss sich dort

einer Widerstandsgruppe an, was dazu führte, dass ihn der SD (=Sicherheitsdienst, Geheimdienst der SS) auf eine schwarze Liste setzte. Interniert wurde er alleine wegen seines SS-Ranges. Anders ein Vertrauensmann der Internierten in Moosburg, Franz Bacherl. 1931 in die NSDAP eingetreten wurde Bacherl 1933 Kreisleiter von Weiden, weswegen ihn die Amerikaner internierten.[62]

Die vom Sonderministerium eingesetzte Lagerverwaltung war sehr umfangreich und personalintensiv. Dies zeigt ein (undatierter) Geschäftsverteilungsplan des Lagers. Dem Lagerleiter, zuständig für allgemeine Dienstaufsicht und Disziplinarwesen, Personalangelegenheiten, Kultur und soziale Betreuung, unterstanden die Abteilungen Ia (Hauptverwaltung), Ib (Innere Verwaltung), Ic (Wachkommando), II (Amtskasse), III (Interniertenerfassung), IV (Vollzugsabteilung), V (Verpflegung), VI (Arbeitseinsatz), VII (Beschaffung), VIII (Werkstätten), IX (Transportwesen), X (Gesundheitswesen), XI (Liegenschaftsverwaltung) und XII (Bekleidungswirtschaft).[63]

Am 01.03.1948, also kurz vor Auflösung des Lagers und nachdem man schon einen Großteil der Internierten entlassen hatte, waren im Internierungs- und Arbeitslager immer noch 33 Angestellte und zehn Kraftfahrer beschäftigt, die sich um rund 600 Internierte kümmerten.

3. Unterbringung, Ernährung und medizinische Versorgung

Unterbringung und Ernährung der Internierten waren während der ganzen Zeit des Bestehens des Lagers problematisch. Dagegen hatte die medizinische Versorgung einen vergleichsweise hohen Standard.

Unterbringung

Die Internierten wohnten in den Baracken des ehemaligen Stalag. Damit war die Unterbringung in Moosburg vergleichsweise gut. In anderen Internment Camps der amerikanischen Besatzungszone lebten die Internierten nämlich in Zelten oder nicht winterfesten Unterkünften. Auch gegenüber Lagern in anderen Zonen war Moosburg relativ komfortabel. So schildert ein Internierter, der im September 1947 nach Staumühle bei Paderborn (britische Besatzungszone) verlegt worden war, viele Internierte hätten in einem Pferdestall gehaust, im Vergleich zu dem die schlimmsten Baracken in Moosburg „wahre Paläste" gewesen seien.[64]

Allerdings waren die Baracken häufig in einem schlechten Zustand, oft baufällig und lediglich notdürftig in Stand gesetzt. Die Wehrmacht hatte sie ursprünglich nur für eine kurze Betriebsdauer errichtet. Im Rahmen der Befreiung des Stalag VII A und in den Tagen danach war es außerdem zu Plünderungen und Zerstörungen gekommen. Vor allem in der Anfangszeit des Lagers fehlten Fenster, Türen und teilweise sogar Fußböden, Decken oder Teile der Außenwände. Die Heizmöglichkeiten waren schlecht, die Wände in der kalten Jahreszeit teilweise nass. Dies machte sich vor allem in den strengen Wintern 1945/46 und 1946/47 bemerkbar. Daher und weil Heizmaterial knapp war, blieben die meisten Internierten im Winter 1945/1946 sogar tagsüber im Bett. Die sanitären Verhältnisse waren unzureichend, für 60 Internierte gab es zum Beispiel nur einen Wasserhahn. Üblicherweise lebten 240 Internierte in einer Baracke, jedem standen zwei bis drei Quadratmeter

Abb. 14: Blick auf die Baracken (Zeichnung Alfred Pfaffenberger; Beck F., Hungerturm).

Abb. 15: Baufällige Baracke (Zeichnung Max Bergmann; Doerfler H. (Hg.), Freiheit).

zur Verfügung. Die Internierten schliefen in hölzernen Stockbetten.[65]

1947 stellte sich die Lage deutlich positiver dar, die Unterkünfte waren teilweise ausgebessert worden. Am 15.03.1947 schrieb der Moosburger Stadtpfarrer: „Aus dem Lager Darmstadt sind viele nach Moosburg gekommen. Der erste Eindruck des Lebens in Moosburg war: Wir fühlen uns wie in einem Hotel." Im April 1947 stellte das Präsidium des bayerischen Landtags bei einem Besuch im Lager fest, dass die Internierten teilweise in hölzernen, teilweise in massiven

Abb. 16: Unterkunft (Zeichnung Erich Schuldt; Pflanz H., Das Internierungslager).

Abb. 17: "Schiffskabine" (Doerfler H. (Hg.), Freiheit).

Abb. 18: Jacke mit PW markiert (Prisoner of War) (Stadtarchiv Moosburg).

Baracken wohnten. Die Unterbringung sei erträglich, auch wenn ein Teil der Unterkünfte in baulicher Hinsicht zu wünschen übrig ließe und überbelegt sei.[66]

Kleidung und Gegenstände des täglichen Bedarfs

Vor allem in den ersten Monaten fehlten zudem Ausrüstungsgegenstände, Stroh, Decken und Mobiliar. Konservenbüchsen wurden zu Schüsseln, Bechern oder Schöpfern, Löffelstiele zu Messern umgearbeitet. Im Dezember 1946 hatte sich die Situation schon deutlich verbessert. Ein Internierter schrieb nach Hause, er habe nun eine Porzellanschüssel zum Essen, ein Kochgeschirr, eine Bratpfanne, eine Gabel, ein Messer, einen Löffel, eine Tasse, Rasierzeug und einen Strohsack sowie einen Schlafsack aus zusammengenähten Wolldecken und Schreibzeug.[67]

Abb. 19: Die Stunden werden an Kartuschen angeschlagen (Zeichnung Gerwald Panzer; Beck F., Hungerturm).

Die Versorgung mit Kleidung war ebenfalls schwierig. Schon 1945 verfügten viele Internierte kaum mehr über richtige Kleidungsstücke. Sie trugen Bettdecken als Mäntel, Taschentücher als Kopfbedeckung, einer schneiderte sich aus einem Handtuch eine Badehose. Manche Internierte benutzten als Schuhe Bretter, die mit farbigen Leitungsdrähten am Knöchel festgemacht waren. Das Präsidium des Bayerischen Landtags machte bei seinem Besuch am 01.04.1947 die Feststellung, dass manche Internierte kein Hemd besaßen. Internierte seien direkt nach der Entlassung aus der Wehrmacht ins Lager gekommen und hätten keine Möglichkeit mehr gehabt, ihre verschlissenen Uniformen gegen unversehrte Bekleidung zu tauschen. Das für die Lager zuständige Ministerium für politische Befreiung konnte keinen Ersatz zur Verfügung stellen.[68]

Mangelernährung im Sommer 1945

Während der ersten Monate, in denen das Internierungslager bestand, war die Ernährung unzureichend, besonders im Juli 1945. Die Amerikaner, die nicht mit einer solch großen Zahl an Internierten in so kurzer Zeit gerechnet hatten, waren im Sommer 1945 nicht in der Lage, ausreichend Nahrungsmittel zu beschaffen.

In den Monaten Juni bis August 1945 bekamen die Insassen zum Frühstück 1/6 bis 1/10 eines 1.800 Gramm schweren Brotes und einen dreiviertel Liter Ersatzkaffee. Ein Mittagessen wurde nicht ausgeteilt. Abends gab es einen dreiviertel Liter Suppe, die manchmal nur aus Wasser mit Kartoffelschalen bestand. Hin und wieder verteilten die Amerikaner einige Gramm Margarine. Des Weiteren gab es öfter Bananensuppe, mit der die Internierten aber nicht viel anfangen konnten. Obst oder Gemüse standen nicht zur Verfügung. Die Lagerinsassen aßen alles, was sie in die Finger bekamen und sammelten Brennnesseln und Kräuter, die sie in die Suppe gaben, um an Vitamine zu gelangen. Allerdings war schon im August 1945 das Lagergelände im wahrsten Sinne des Wortes abgegrast, Wildpflanzen waren kaum mehr zu finden. Die Gefangenen durften sich von zu Hause Nahrungsmittelpakete schicken lassen, was besonders für Internierte mit Beziehungen in die Landwirtschaft die Situation verbesserte.[69]

Nach Berechnungen internierter Ärzte erhielten die Insassen im Sommer 1945 täglich Rationen mit durchschnittlich etwa 930 Kalorien.[70] Die mangelhafte Ernährung zeigte schon bald Konsequenzen. Im Sommer 1945 magerten die Internierten rapide ab. In diesen Wochen waren sie bestrebt, Kalorien zu sparen. Viele lagen deswegen den ganzen Tag im Bett oder auf dem Barackenboden. Im Juli 1945 brachen bei Appellen Internierte zusammen und wurden ohnmächtig. Infektionen konnten die geschwächten Körper wenig entgegensetzen, Erkältungen waren häufig. Schon im August 1945 wurden die ersten Internierten mit Hungerödemen ins Lazarett eingeliefert. Ende September hatten viele Hungerschäden davongetragen, der Gesundheitszustand sank rasch ab. Die Gefangenen litten an hochgradiger Abmagerung, Kreislaufschwäche, Hungerödemen und Mangelerkrankungen wie Skorbut. In einigen Fällen waren Internierte so geschwächt, dass sie an sich harmlose Infektionen oder einfache Operationen nicht überlebten.[71]

Verbesserte Ernährung ab Herbst 1945

Die Amerikaner steuerten jedoch gegen. Um den Hungertod einer Vielzahl von Gefangenen abzuwenden, richteten sie Stationen ein (von den Internierten Mastbaracken genannt), in denen Lagerinsassen aufgepäppelt wurden. Die Menge der ausgegebenen Nahrung war auch hier gering bemessen, aber die Qualität war gut, sodass die dort Untergebrachten wieder zu Kräften kamen. Als sich die Hungerödeme mehrten, verteilten die Amerikaner Heeresrationen (Eier mit Speck, Hühnchen, Südfrüchte, Buttergebäck und Pralinen).[72]

Ab September wurde die Ernährungslage dann stetig und deutlich, vor allem aber nachhaltig besser. Ab dem 01.09.1945 gaben die Amerikaner generell Armeeverpflegung aus, nämlich eine Frühstücksdose mit vier Biskuits, vier Zuckerwürfeln, Bohnenkaffeemehl, Tee, Kakao oder Limonadenpulver, außerdem Trockenmilch und Haferflocken und zusätzlich eine zweite Dose mit Rind- oder Schweinefleisch, gemischt mit Kartoffeln und Gemüse. Nach Schätzungen internierter Ärzte erhielten die Lagerinsassen ab Anfang September Rationen mit mindestens 1.400 Kalorien täglich. Die verbesserte Ernährung verhinderte zwar den Eintritt weiterer Schäden, konnte aber den Mangel der ersten Wochen zunächst nicht vollständig ausgleichen.[73]

Anfang 1946 legten die Amerikaner fest, dass die Internierten mindestens 1.700 Kalorien am Tag bekommen mussten, was erheblich über der Menge lag, die dem Durchschnitt der deutschen Bevölkerung zur Verfügung stand. Diese Rationen erhielten die Nichtarbeiter unter den Internierten. Teilschwerarbeiter sollten 2.075 Kalorien, Schwerarbeiter 2.400 und Kranke ebenfalls 2.400 Kalorien bekommen. Die Kalorienzahl wurde weitgehend eingehalten.[74]

Sonderrationen und eintönige Verpflegung

Zu besonderen Ereignissen erhielten die Internierten Sonderverpflegung. An Weihnachten 1946 gab es für das ganze Lager an Heiligabend Mittag Haschee mit Kartoffeln, abends grüne Erbsen mit Pökelfleisch, am ersten Feiertag mittags Beefsteak mit grünen Erbsen und Salzkartoffeln, abends 40g Butter, 150g Kekse und 200g Rosinen sowie schwarzen Tee mit Milch, am zweiten Feiertag am Mittag Gulasch mit Spätzle, am Abend Kartoffelbrei, grüne Erbsen und Rührei von drei Eiern. Tatsächlich fühlten sich manche Lagerinsassen vor dem Hintergrund der Verhältnisse im Land vergleichsweise gut ernährt. Schon im Januar 1946 war ein Internierter in der Lage, Schokolade, Schuhe und Strümpfe aus dem Lager an seine Angehörigen schmuggeln zu lassen.[75]

Die Verpflegung war jedoch weiterhin oft einseitig und bestand vor allem aus Brot, Steckrüben, Erbsen, Mais, Suppen sowie Süßspeisen und enthielt wenig Vitamine. Die Internierten schritten daher zur Selbsthilfe. Ab Frühjahr 1946 legten sie Gärten an, um Gemüse als Zusatznahrung zu ziehen, aber auch, um Tabak anzubauen. In der Lagergärtnerei wurde der Gemüsebedarf für die offiziellen Rationen produziert. Das Lager hielt sogar Schweine.[76]

Am 01.04.1947 besuchte das Präsidium des Bayerischen Landtags unangemeldet das Internierungslager und kam zu dem Schluss, dass die Verpflegung ausreichend und geschmacklich gut sei.[77]

Medizinische Versorgung

Die medizinische Versorgung erfolgte in Lagerkrankenhäusern, die von (internierten) deutschen Ärzten betrieben wurden, aber meist mangelhaft mit Geräten und Medikamenten ausgestattet waren. Allerdings scheinen sich hier die Verhältnisse bald gebessert zu haben, da sich Internierte meist nicht über eine unzureichende medizinische Behandlung beklagten.[78]

Nach dem Übergang der Lager in deutsche Hand war die medizinische Versorgung folgendermaßen aufgebaut: Für leichtere Fälle gab es in den Blocks Revier-Behandlungsstuben und Revier-Krankenstuben, wobei teilweise

mehrere Blocks zusammengefasst waren. Für schwerere Fälle war ein Lagerhospital eingerichtet. Es verfügte über Krankenabteilungen für Innere Medizin, Chirurgie mit Kiefer-Chirurgie, Orthopädie mit Elektro-Therapie und Massage, für Haut- und Geschlechtskrankheiten, für HNO-Erkrankungen, Augenkrankheiten, Nervenkrankheiten, Infektionskrankheiten, Tuberkulose, eine Abteilung für Radiologie und ein Labor. Das Hospital hatte eine eigene Verwaltung, die sich um die Verpflegung, die Wäscherei, die Krankenhausbücherei und um Baumaßnahmen kümmerte. Zumindest in den Wintermonaten war das Lagerkrankenhaus aber wohl überlastet. Angesichts der in dieser Zeit häufig auftretenden Krankheiten wie grippalen Infekten standen nicht ausreichend Betten zur Verfügung. Im Februar 1947 gab es im Lager 1.190 Erkrankte, für die lediglich 510 Lazarettbetten bereitstanden. Im Juni 1947 hatte sich die Situation entspannt, jeder der 510 Kranken hatte jetzt ein Bett im Lagerhospital.[79]

Abb. 20: Lazarettgarten, im Hintergrund die Moosburger Kirchtürme (Stadtarchiv Moosburg).

Schwerere Fälle wurden in die Interniertenkrankenhäuser Regensburg und Garmisch-Partenkirchen eingeliefert. Wenn Verletzungen oder Krankheiten so schwer waren, dass man auch dort überfordert war, brachte man die Internierten in auswärtige Krankenhäuser oder Spezialkliniken. Zudem gab es im Lager eigene Revier-Behandlungsstuben für die zahnärztliche Betreuung sowie eine Lager-Zahnstation mit zwei Behandlungsstuben und einem zahntechnischen Labor. Für die Medikamente sorgte eine Lagerapotheke mit eigenem Labor.[80]

Dass man auf die medizinische Versorgung großen Wert legte, zeigt auch die Tatsache, dass sich ein Sachgebiet der

Lagerverwaltung unter anderem mit Schutzimpfungen und Ungezieferbekämpfung sowie mit ärztlicher Fortbildung beschäftigte. Diese Abteilung unterhielt einen Licht- und Massageraum, ein Bad, Entlausungsräume und eine Sauna. Zusätzlich existierten zwei Diätbaracken, in denen eigene Diätverpflegung ausgegeben wurde.[81]

Als das Präsidium des Bayerischen Landtags am 01.04.1947 das Lager Moosburg besuchte, bewertete es die medizinische Versorgung der Internierten als sehr gut. Es gebe gut eingerichtete Krankenbaracken und sehr gut ausgestattete Operationssäle, unter den Internierten befänden sich erstklassige Ärzte. Dagegen herrschte im Lager durchgehend ein Mangel an Medikamenten und Verbandsmaterial.[82]

Fühlte sich ein Internierter krank, meldete er sich beim Stubenältesten. Eine Aufnahme in eine Krankenstube erfolgte auf Anordnung des Lagerarztes, der auch über eine Einweisung ins Lagerkrankenhaus entschied.[83]

Krankheiten und Todesfälle

Die schlechten hygienischen Verhältnisse förderten vor allem in den ersten Monaten die Ausbreitung von Ungeziefer wie Läusen, Wanzen und Flöhen. In dieser Situation traten Hautkrankheiten wie die Krätze auf. Unzureichende Kleidung, schlechte Heizmöglichkeiten und zugige Baracken förderten das Entstehen von Erkältungskrankheiten, die sich bei der engen Belegung der Lager schnell ausbreiten konnten. TBC war ein weiteres Problem. Desinfektions- und Entlausungsmaßnahmen verhinderten jedoch, dass Seuchen ausbrachen. Im September 1945 wurden die Internierten zum ersten Mal gegen Typhus geimpft, kurz darauf kamen Impfungen gegen Cholera hinzu.[84]

Aus dem Lager Nürnberg-Langwasser liegen Zahlen zu den Erkrankungen vor. Im Lager Moosburg dürfte die Situation ähnlich gewesen sein. So gab es im Dezember 1946 einen Krankenstand von 5%, ebenso im Dezember 1947. Im März 1948 hatte sich der Anteil der Erkrankten auf 8% erhöht und erreichte im Mai 1948 11%. Die Gründe für den Anstieg waren vielfältig. Die lange Haft belastete viele, vor allem ältere Insassen (diese hatten aufgrund ihres fortgeschrittenen Alters höhere Ränge inne und waren deswegen länger interniert), verschleppte Krankheiten brachen nun aus und die lange Haft ohne Perspektive setzte den Lagerinsassen auch psychisch zu.[85]

Problematisch war, dass Internierte bereits gesundheitlich angeschlagen im Lager ankamen. So gab es 1946 nach Angaben des katholischen Lagerpfarrers im Camp 120 Schwergeschädigte, darunter Amputierte und Hirnverletzte. Außerdem lebten zahlreiche über 70-jährige im Lager, für die die Zeit der Internierung gesundheitlich besonders belastend war. Um diese Gruppen von Internierten kümmerte man sich im Speziellen, sie wurden in zwei Pflegebaracken betreut.[86]

Im Lager Moosburg starben insgesamt 62 Internierte.[87] Die Toten wurden in der ehemaligen Lazarettlatrine aufgebahrt und dann auf dem Moosburger Friedhof unter Aufsicht der Amerikaner beerdigt. Manche Lagerinsassen überführte man auf ihren Heimatfriedhof.[88]

4. Tagesablauf, Arbeit und Freizeit

Während der Zeit der amerikanischen Verwaltung gab es in den Lagern keinen Arbeitszwang. Eine Arbeitspflicht bestand erst nach dem Übergang des Lagers in deutsche Verwaltung. Zumindest in der Anfangsphase des Lagers hatten die Internierten daher viel Freizeit.

Tagesablauf

Die Lagerinsassen hatten einen klar strukturierten Tagesablauf. Im August 1945 sah dieser folgendermaßen aus: Um sechs Uhr wurden die Internierten geweckt. Sie wuschen sich, während die dafür Eingeteilten Brot und Früchtetee aus der Küchenbaracke holten. Anschließend räumten die Internierten auf und rösteten über dem Barackenofen ihr Brot. Nach dem Frühstück sammelten sie Kräuter und Pflanzen, um ihre Rationen zu ergänzen. Von 12 bis 14 Uhr war Bettruhe. Am späteren Nachmittag gab es bereits das Abendessen in Form von Suppe. Zwischenzeitlich beschäftigten sich die Internierten mit Skat-Spielen, Lesen, Spazierengehen oder sie schrieben Tagebuch. Von 22 Uhr bis sechs Uhr war Nachtruhe.[89]

Abb. 21: Stube (Zeichnung Erich Schuldt; Beck F., Hungerturm).

Arbeitseinsatz unter amerikanischer Verwaltung

Zahlreiche Internierte meldeten sich freiwillig zu Arbeitseinsätzen, da diese neben einer Abwechslung im eintönigen Lageralltag eine bessere Verpflegung und weitere Vergünstigungen boten.

Unter amerikanischer Hoheit, also bis Herbst 1946, arbeiteten die Internierten fast ausschließlich direkt im Lager. Sie mussten die Einrichtungen des Camps wie die Küche oder das Lazarett selbst organisieren und betreiben. So gab es in Moosburg Holzhacker, Küchenpersonal, Erdarbeiter, Ärzte und Krankenpfleger. Andere Lagerinsassen waren in der Schusterwerkstatt tätig. Frauen wurden vor allem in der Schneiderei eingesetzt. Einige Kommandos arbeiteten für die Amerikaner. Sie hielten zum Beispiel deren Quartiere in Ordnung und übernahmen Hilfsdienste bei der Wartung des Fuhrparks oder bei Bauarbeiten.[90]

Die Tätigkeit für die Amerikaner war bei den Internierten durchaus umstritten. Ein Offizier der Wehrmacht empfand es als schikanöse Demütigung, dass er dazu herangezogen wurde, Mannschaftsunterkünfte der US-Soldaten aufzuräumen und zu reinigen. Selbst die Tatsache, dass er dafür Zusatzverpflegung erhielt und beim Aufräumen Lebensmittel ergattern konnte, führte nicht dazu, dass dieser Internierte bereit war, in Zukunft wieder für die Amerikaner zu arbeiten. Viele Lagerinsassen stellten dagegen sogar das Gesuch, in amerikanische Dienste zu treten, was zumindest im Sommer 1945 ausnahmslos abgelehnt wurde.[91]

„Große und kleine Arbeitskommandos"

1945 gab es dauerhaft eingerichtete, sogenannte „große" Arbeitskommandos, bei denen es erheblich bessere Verpflegung gab. Diese waren daher sehr beliebt. Dort eine Stelle zu ergattern war aber sehr schwierig, weil die Internierten, die bereits einen solchen Posten hatten, diesen nicht einfach so aufgaben.[92]

Zudem existierte der „Blockarbeitsdienst". Diese Kommandos wurden kurzfristig nach Bedarf eingerichtet. Die dort Beschäftigten verrichteten einen Tag lang Arbeiten für das Lager und erhielten dafür eine kleine Zusatzverpflegung. Diese war aber gering bemessen, sodass die Internierten langsam arbeiteten, um Kalorien zu sparen. Solche Kommandos reparierten

Abb. 22: Frauen gehen zum Arbeitsdienst (Zeichnung Max Bergmann; Beck F., Hungerturm).

Abb. 23: Holzlager im Bauhof (Zeichnung Erich Schuldt; Pflanz H., Das Internierungslager).

zum Beispiel Wege zwischen den Baracken oder reinigten Wasserrinnen.

Zusätzlich gab es den „Barackenarbeitsdienst", der verpflichtend war und bei dem es keine Sonderrationen gab. Die Insassen einer Baracke waren in diesem Rahmen verpflichtet, die Baracke in Ordnung zu halten.[93]

Gerade in den ersten Monaten des Bestehens des Internment Camps war der hauptsächliche Beweggrund für eine Arbeitsaufnahme die bessere Verpflegung. Ein Internierter meldete sich im Juli 1945 freiwillig zum Arbeitsdienst und erhielt dafür gemeinsam mit zwölf Kameraden zusätzlich ein Brot und Büchsenfleisch.[94]

Arbeitseinsatz unter deutscher Verwaltung

Auch nach dem Übergang in deutsche Verwaltung waren viele Internierte innerhalb des Lagers tätig. Eine wichtige Aufgabe war die Instandsetzung und Instandhaltung des Lagers und seiner Einrichtungen. So erstellten in Moosburg Internierte in Eigenregie aus selbst beschafftem Material die Elektroinstallation, da das für die Lager zuständige Sonderministerium nicht genug Drähte, Fassungen, Glühbirnen und Steckdosen beschaffen konnte. Außerdem gab es im Lager mehrere Werkstätten, so eine Elektro-Werkstatt, eine Generatorstation, eine Malerei, Uhrmacher- und Optikerwerkstätten, eine Schreibmaschinenwerkstatt, eine Schmiede, eine Schweißerei, eine Klempnerei, eine Schreinerei und eine Signalstation (mit Telefonzentrale, Lagerrundfunkstelle und Radiowerkstatt) sowie eine Autowerkstatt.[95]

Eine Tätigkeit in der Lagerverwaltung war ein Glückstreffer, verbesserte doch eine solche Arbeitsstelle in erheblichem Umfang die Situation des Internierten. So hatte beispielsweise ein Lagerinsasse im Herbst 1946 einen Posten in der Wertsachenverwaltung ergattert. Dort arbeitete er in einem ruhigen und warmen Büro an einer Schreibmaschine, sodass er sich nicht mehr in der lauten und schlecht geheizten Baracke aufhalten musste und den Winter gut überstand. Dieser Internierte konnte wegen seines Postens in ein „wohnliches" Drei-Mann-Zimmer ziehen. Dort sei es warm, er sei aus dem Schmutz und dem Trott des Lagerlebens herausgerissen und genieße ein bisschen Wohnkultur, schrieb er nach Hause.[96]

Auf Außenkommando

Arbeitseinsätze außerhalb des Lagers wurden von den US-Militärbehörden zunächst restriktiv genehmigt, da die Gefahr von Fluchten und Kontaktaufnahmen mit der Zivilbevölkerung als zu groß angesehen wurde und nicht ausreichend Wachpersonal zur Verfügung stand. Diese Situation änderte sich im Frühjahr 1947. Die deutsche Wirtschaft benötigte dringend Arbeitskräfte, gleichzeitig waren noch viele Männer in Kriegsgefangenschaft. Daher richtete man nun verstärkt Außenkommandos ein. Weiterhin durften Internierte, bei denen Flucht- oder Verdunkelungsgefahr bestand, oder höherrangige Nationalsozialisten aber nicht außerhalb des Lagers tätig werden. Man legte weiterhin großen Wert auf eine ausreichende Bewachung der Internierten auf Außeneinsatz. Häufig konnten Arbeitskommandos nicht ausrücken, weil nicht genügend Wachmannschaften zur Verfügung standen.

Schließlich mussten im Hinblick auf Hygiene und Sicherheit einwandfreie Unterkünfte am Arbeitsort bereitstehen.[97]

Im Sommer 1947 waren zahlreiche Internierte aus dem Lager Moosburg in 87 Kommandos im Arbeitseinsatz. In einer Aufstellung vom 09.07.1947 sind 15 Kommandos aufgelistet, die in München tätig waren. Die Kommandos hatten eine Stärke von zehn bis 131 Mann und waren in der Privatwirtschaft, zum Beispiel auf dem Bau (wie am Maximilianeum), aber auch im öffentlichen Sektor bei der Müllabfuhr, in der Schlossgärtnerei von Oberschleißheim, am Schlachthof oder beim Gärtnerplatztheater tätig. Untergebracht waren die Internierten entweder in München oder sie pendelten täglich zwischen dem Lager in Moosburg und dem Einsatzort. Andere Kommandos befanden sich in Freising und in Berchtesgaden beim Wasserleitungsbau oder waren in Gaden, Tirschenreuth oder

Grafrath mit Holzfällen beschäftigt. Diese Trupps beschafften das im Lager benötigte Brennmaterial.[98]

Internierte waren auch in großem Umfang für die Flüchtlingshilfe der Vereinten Nationen in Wartenberg, Freising und Moosburg sowie für die US-Armee tätig, so für den Offiziersclub und die Militärgemeinde in Moosburg.[99]

In einem Moosburger Industriebetrieb waren im Sommer 1947 ebenfalls 35 Mann im Einsatz. Die Stadt Moosburg forderte im März 1947 zwei Arbeitskommandos an, um Brennholz für die Stadtbevölkerung zu beschaffen und die Erweiterung des Wasserwerks durchzuführen.[100]

Generell hatte der Arbeitseinsatz in München Vorrang, wobei zumindest im Sommer 1947 der dortige Bedarf nicht gedeckt werden konnte. Mangels Wachposten war die Lagerverwaltung nicht in der Lage, weitere Kommandos aufzustellen, zudem waren keine geeigneten Internierten mehr vorhanden. Daher mussten Anfragen von Betrieben beispielsweise aus Landshut oder Moosburg abgelehnt werden.[101]

Außenkommandos waren sehr beliebt. Sie boten die Möglichkeit, aus dem Lager zu kommen, Angehörigen eine Nachricht zukommen zu lassen oder sogar Treffen mit der Familie zu arrangieren. Viele Wachmänner ließen, sehr zum Ärger des Sonderministeriums, Kontakte der Internierten mit ihren Familien ohne Weiteres zu. Manchmal konnten Lagerinsassen die Zeit auf Außenkommando zu Besuchen bei ihrer Familie nutzen. Nicht zuletzt bestand die Chance, die Verpflegung deutlich zu verbessern. Einem in einer Käsefabrik eingesetzten Internierten gelang es sogar, Käsepakete nach Hause zu schicken.[102]

Entlohnung

Der Lohn, den die Arbeitgeber entrichteten, wurde nur zu einem kleinen Teil an die Internierten ausbezahlt, zum großen Teil ging er an das Sonderministerium. So konnten die Kosten für die Lager deutlich gesenkt werden. Die Internierten selbst erhielten eine gestaffelte Entlohnung: Für körperliche Arbeiten, die eine Schwerarbeiterzulage rechtfertigten und für handwerkliche Facharbeiten 50 Pfennige pro Tag, für allgemeine manuelle Tätigkeiten 40 Pfennige pro Tag und für leichtere Arbeiten wie Reinigungs- und Büroarbeiten 30 Pfennige pro Tag. Auch über ihren Anteil am Lohn konnten die Internierten nicht frei verfügen. Ein Teil wurde als Rücklage für die Zeit nach der Entlassung angespart. Lediglich der Rest, das sogenannte Hausgeld, konnte frei ausgegeben werden, zum Beispiel für den Erwerb von Rasierzeug und Briefpapier. Das Ansparen größerer Beträge oder eine Unterstützung der Familien waren kaum möglich.[103]

Vorträge und Fortbildung

Da sich in den Lagern viele Akademiker und Künstler befanden, zunächst kein Arbeitszwang herrschte und vor allem zu Beginn nicht genügend Arbeitsplätze zur Verfügung standen, entwickelte sich rasch ein reichhaltiges kulturelles Leben, getragen und initiiert von den Internierten. Bereits Ende Juni 1945 begannen im Lager Vortragstätigkeiten. Bald gab es Vortragsreihen über Psychologie und griechische Philosophen, Römische Geschichte, Musikgeschichte und die Geschichte des Abendlandes.[104]

Im Herbst 1945 fanden sich unter Leitung eines Münchener Professors die etwa 100 Universitätsdozenten im Lager zur „Moosburger Akademie" zusammen, die in geschlossenen Sitzungen tagte und am Sonntagnachmittag Vorträge hielt. Ein Psychologieprofessor organisierte alle, die willens und in der Lage waren, Vorlesungen und Übungen zu halten, in einer Lagerhochschule. So gab es Kurse, Vorträge und Übungen von Experten in zahlreichen Fächern, zum Beispiel in Naturwissenschaften, Botanik, Gartenbau, Pflanzen- und Tierzucht, Geisteswissenschaf-

Abb. 24: Vortrag in einer Baracke (Zeichnung Max Bergmann; Doerfler H. (Hg.), Freiheit).

te die Ausbildung. Um Berufsförderung und die Umschulung von Internierten kümmerte sich die Lagerverwaltung im Besonderen. Wahrscheinlich hoffte man damit, auf diese Weise den Internierten eine wirtschaftliche Zukunftsperspektive zu eröffnen.[106]

Nach Übernahme der Lager in deutsche Verwaltung erweiterte sich das Angebot. Bisher waren öffentliche Diskussionen strikt verboten gewesen, nun gab es offizielle Diskussionsabende. Zusätzlich hielten Redner von außerhalb Vorträge zu politischen Themen. Zu diesem Zweck kamen Vertreter der verschiedenen Parteien in die Lager.[107]

Theater und Konzerte

ten, in Archäologie, Ägyptologie, Astronomie oder Graphologie. Die Kurse wurden im Freien oder in den drei „Kirchen- und Kulturbaracken" abgehalten. Erschwert wurde die Lehre dadurch, dass die Dozenten nicht auf Hilfsmittel wie Fachbücher zurückgreifen konnten.[105]

Die Internierten konnten sich in den Lagern systematisch fortbilden. Aus Lernzirkeln entstanden Lagerschulen, die sich zunächst vor allem dem Fremdsprachenunterricht, besonders Englisch, widmeten. Zusätzlich fanden Umschulungslehrgänge statt, damit Internierte neue Berufe erlernen konnten. Diese wurden meist mit einer Prüfung vor der IHK abgeschlossen. Dass es an Unterrichtsmaterial, Büchern und Unterrichtsräumen mangelte, erschwer-

Theateraufführungen fanden im Lager ebenfalls statt. Am 02.12.1945 gab ein Ensemble den „Urfaust". Das Theater befand sich in der Kirchenbaracke. Aus Stoffresten hatten die Lagerinsassen Kostüme gebastelt. Nach der Verlegung der internierten Frauen nach Ludwigsburg Mitte 1946 erhielt das Theater eine eigene Baracke in der ehemaligen Frauenabteilung. Es wurde auf den Namen „Theater am Frauentor" getauft. Seine Baracke verfügte sogar über eine mit einfachsten Mitteln geschaffene elektrische Beleuchtungsanlage. Das Angebot an Theateraufführungen war sehr reichhaltig. Unter der Leitung eines ehemaligen Frankfurter Intendanten spielte eine Gruppe über 50 Mal den „Urfaust", „Kabale und Liebe" und „Was ihr wollt". Ein anderes Ensemble führte Platons „Phaidon" und „König

Abb. 25: Kabarett "Die Zaunkönige" (Beck F., Hungerturm).

Abb. 26: Kulturbaracke, Portraits von Kant und Goethe (Stadtarchiv Moosburg)

Abb. 27: Kulturbaracke, Portraits von Beethoven, Dürer, Liebig (Stadtarchiv Moosburg).

Ödipus" auf. Im Lager gab es zeitweise auch vier Kabarettgruppen. Am beliebtesten waren „Die Zaunkönige", die als besonders witzig und qualitätsvoll galten. Einige Internierte betrieben ein Puppentheater.[108]

Des Weiteren wurden Dichterlesungen abgehalten. Die Internierten rezitierten Goethes „Faust". Bei einer Lesung über Britting spielte ein Violonist. Es gab Gespräche über Autoren wie Kant, Nietzsche und Thomas Mann. Einige Lagerinsassen veranstalteten eine Schillerfeier, die ein Kammerorchester umrahmte.[109]

Im Lager wurde auch musiziert. Neben Kirchenmusik gab es Kammermusik, als Streichinstrumente ins Lager gebracht werden durften, es existierten Männer- und Frauenchöre. Ein Symphonieorchester formierte sich, ebenso eine Unterhaltungskapelle und zwei Kammerquartetts. Im Juni 1946 stand den Internierten im Lager sogar ein Klavier zur Verfügung.[110]

Der Terminkalender war dicht. Am 02.05.1946 gab es zum Beispiel folgende Veranstaltungen in verschiedenen Baracken: 12:00 Das römische Reich im Spiegel seines Rechts, 13:00 Landwirtschaftliche Beratung, 15:00 Geschichte des Spätmittelalters, 16:00 Literaturgeschichte, 16:00 Steuergesetzgebung, 17:00 Französische Konversation, 18:30 Werkzeugmaschinen, 19:00 Moosburger Platzl (Kabarett), 19:00 Geschichte der Philosophie, 19:00 Kabale und Liebe, 19:30 Siedlungsformen in Südafrika (IV).[111]

Abb. 28: Kammermusik (Zeichnung Franz Schwirl; Beck F., Hungerturm).

Abb. 29: Kartenspieler (Stadtarchiv Moosburg).

Dieses Angebot wurde von den Internierten teilweise intensiv genutzt. So schrieb ein Lagerinsasse nach Hause, er habe beachtliche Inszenierungen der Räuber und von Kabale und Liebe gesehen, sowie zwei Lustspiele. Außerdem habe er ein ganz hervorragendes Klavierkonzert mit Werken von Chopin, Liszt und Mozart gehört, ebenso zwei Orchesterkonzerte. Die meisten Internierten waren jedoch an leichter Unterhaltung interessiert.[112]

Lagerbücherei, Philosophiezirkel und Kunsthandwerk

Sogar Bibliotheken gab es in den Lagern. Deren Bestände setzten sich aus den Büchern der Internierten, Schenkungen von Verwandten, Zukäufen und Büchern zusammen,

die deutsche Stellen den Bibliotheken überließen. Zusätzlich übergaben die Amerikaner Bücher aus den Bibliotheken von Kriegsgefangenenlagern. Die deutsche Seite bemühte sich, Bücher über das Dritte Reich zu beschaffen, zum Beispiel Eugen Kogons „Der SS-Staat" oder die veröffentlichten Dokumente der Nürnberger Prozesse gegen die Hauptkriegsverbrecher. Diese Bücher scheinen jedoch auf wenig Interesse gestoßen zu sein, die meisten Internierten bevorzugten Unterhaltungsliteratur. Die Amerikaner kontrollierten streng die Bestände, um zu verhindern, dass nationalsozialistische Bücher in die Lagerbibliotheken gelangten. Sie waren nicht immer erfolgreich. Beim Umzug des Internierungslagers Moosburg wurde in der Bücherei ein Exemplar von Hitlers „Mein Kampf" gefunden.[113]

Im Lager bildete sich eine philosophische Lesegemeinschaft, die „Moosburger Kontemplationszentrale", in der neben einem Philosophen ein Tibetforscher, ein Bäckermeister, ein Arzt, ein Ingenieur, ein Kunstmaler und zwei ehemalige SS-Leute Mitglieder waren.[114]

Es wurde gedichtet und komponiert. Einige Lagerinsassen begannen, sich kunsthandwerklich zu betätigen, sie fertigten Scheren- und Holzschnitte, andere schnitzten oder bastelten Gegenstände aus Büchsenblech. Im Oktober 1945 stellten sie ihre Erzeugnisse, unter anderem Teller, Schalen, Leuchter und Lampen aus. Künstler fertigten Bilder in Öl, Aquarell, Tusche, Rötel und Kreide an.[115]

Sport

Als sich die Ernährungssituation verbessert hatte, begannen die Internierten Sport zu treiben. In Moosburg stand

Abb. 30: Sportplatz (Zeichnung Franz Schwirl; Beck F., Hungerturm).

ihnen dafür der bereits von den Kriegsgefangenen benutzte Sportplatz im Lager zur Verfügung. Hier spielten die Lagerinsassen vor allem Fußball, Handball und Faustball und betrieben Gymnastik. Auf dem Sportplatz fanden auch Wettkämpfe statt, zum Beispiel ein Handballspiel zwischen einer Mannschaft „alteingesessener" und einer neu in das Lager verlegter Internierter. Des Weiteren gab es einen Boxring. Ab Mai 1946 war der Sportplatz sonntags ein wichtiger Treffpunkt für die Internierten. Im Januar 1947 spritzten sich einige Lagerinsassen Eisbahnen und begannen mit selbst gebastelten Eisstöcken das Eisstockschießen.[116]

Tüftler und Bastler

Unter den Internierten scheinen auch einige Tüftler und Bastler gewesen zu sein, denn unter dem 15.10.1946 finden sich in den Akten des Sonderministeriums Konstruktionszeichnungen für ein „Kleinsuper Radiogerät Typ 446", mit technischer Darstellung und Designskizzen. Dabei sollte es sich um ein einfaches Radiogerät handeln, mit dem der Empfang vieler Sender möglich sein würde. Es gab eine Berechnung zum Raumbedarf und zum Bedarf an Arbeitskräften (bei voller Produktion 117, mit Stellenplan) sowie einen regelrechten Businessplan, wie die Produktion angefahren und gesteigert werden sollte. So war geplant, bei Vollauslastung 50 Geräte im Monat zu produzieren, der prognostizierte Gewinn lag bei 150 RM pro Gerät. Die Bauteile sollten vor allem aus alten Wehrmachtsgeräten genommen werden, für die die Industrie keine Ver-

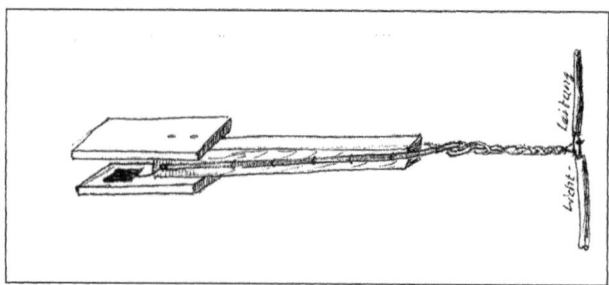

Abb. 31: Selbstgebastelte Tauchsieder führten zu Kurzschlüssen (Zeichnung Franz Hegenbart).

wendung hatte. Ansonsten war beabsichtigt, in möglichst großem Umfang Abfälle und Reste zu verwenden, die die Internierten in Handarbeit aufbereiten wollten.[117]

5. Seelsorge

Für viele Internierte hatten kirchliches Leben und Seelsorge große Bedeutung. Gleichzeitig stellte die Feier der kirchlichen Feste eine Abwechslung im eintönigen Lageralltag dar.

Große Bedeutung der Seelsorge

Zahlreiche Lagerinsassen waren angesichts des völligen Zusammenbruchs ihrer Existenz und der Ungewissheit über das Schicksal ihrer Angehörigen und ihrer Zukunft verzweifelt. Sie fanden Halt im religiösen Leben.[118] Allerdings gingen nach Aussagen eines Internierten nicht alle aus religiösen Bedürfnissen zur Kirche, viele taten dies aus Langeweile „und wohl noch aus anderen, hässlicheren Gründen."[119] Hier ist zu bedenken, dass ein Kirchenaustritt während der NS-Zeit im Rahmen der Entnazifizierung sehr negativ gesehen wurde, sodass sich wohl einige Internierte durch eine Rückkehr zur Kirche eine bessere Position im Entnazifizierungsverfahren erhofften.

In den ersten Wochen des Bestehens des Lagers gab es nur einen Feldaltar, um den sich sonntags ein Häuflein Internierter scharte. Nachdem die Zahl der Gottesdienstbesucher wegen guter Predigten der Lagergeistlichen gewachsen war, richtete man eine erste Kirchenbaracke ein. Im November 1945 standen zwei Kirchen- und Kulturbaracken zur Verfügung.[120]

Schnell bildeten sich eine katholische und eine protestantische Lagergemeinde. In deren jeweiligen Strukturen waren die Kirchenorganisationen der katholischen und der evangelischen Kirche gut nachvollziehbar. Während die katholische Lagergemeinde stark von überregionalen

Abb. 32: Innenraum der Baracke 51 (Kirchenbaracke) (Doerfler H. (Hg.), Freiheit).

Strukturen wie einem eigenen Dekan für Lagerseelsorge und dem erzbischöflichen Ordinariat beeinflusst war, hatte sich die evangelische Lagergemeinde eine weitgehend autonome Organisation gegeben.[121]

Auffällig ist, dass trotz der Mangel- und Notsituation im Lager kaum Kooperation, sondern ein ausgeprägtes Konkurrenzdenken zwischen den beiden Lagergemeinden herrschte, zeitweise bis hin zur Konfrontation. Besonders massiv ging hier die katholische Seite vor, forciert vom Lagerpfarrer Pater Mayerhofer. Hier wurden Neueintritte und Übertritte von Protestanten zum Katholizismus als Erfolgsmeldungen gefeiert.[122]

Die orthodoxen Christen hatten keinen eigenen Priester, sodass der evangelische Lagerpfarrer den Weihnachtsgottesdienst 1946 für sie hielt.[123]

Die Feier der kirchlichen Feste

Die kirchlichen Feste wurden auch im Lager begangen. Im Advent 1945 schmückten die Internierten die Baracken mit Adventskränzen, das Tannenreisig hatten die Holzfäller unter den Gefangenen ins Lager gebracht. Außerdem gab es in einer Kulturbaracke eine Adventsfeier mit Weihnachtsliedern und selbst gedichteten Adventserzählungen.[124]

Weihnachten 1945 feierten die Internierten unter anderem mit einem Festgottesdienst vor der 15 Meter hohen, mit elektrischen Kerzen besteckten Weihnachtsfichte des Lagers, mit Ansprachen der beiden Lagergeistlichen und des Lagerbürgermeisters. Der Männerchor trat auf, sodann sangen die Lagerinsassen. Mehrere Tausend Internierte nahmen daran teil. Anschließend feierten die evangelische und die katholische Lagergemeinde Gottesdienst. In der Vortragsbaracke von Block VI war eine von den Internierten gebastelte Krippe ausgestellt. In den folgenden Tagen gab es Weihnachtskonzerte oder die Ver-

Abb. 33: Weihnachten mit Christbaum (Zeichnung Gerwald Panzer; Beck F., Hungerturm).

lesung der Weihnachtsgeschichte von Ludwig Thoma und Vorträge zu weihnachtlichen Themen.[125]

Ostern 1946 konnten sich Männer und Frauen treffen. Am Sportplatz wurden Kaffeetafeln aufgebaut, die die Paketempfänger beschickt hatten. Neben den Gottesdiensten hatte die Lagerselbstverwaltung ein reichhaltiges Kulturprogramm mit Vorträgen, Chorkonzerten und Theateraufführungen organisiert.[126]

Die katholische Lagergemeinde

Die katholische Lagergemeinde wurde seit Oktober 1945 vom internierten Benediktinerpater Mayerhofer geleitet.

Die Beteiligung der katholischen Internierten am kirchlichen Leben war zunächst äußerst gering, lediglich ein Prozent der katholischen Lagerinsassen nahm an den Gottesdiensten teil. Nach und nach stieg die Zahl der Teilnehmer, sodass bald 70, im Sommer 1946 sogar 75% der katholischen Internierten einen Gottesdienst besuchten.[127] Die Steigerung kann wohl auf Pater Mayerhofers markige Predigten zurückgeführt werden. Er hat wahrscheinlich häufig mit drastischen Worten gepredigt, um die katholischen Lagerinsassen zu mobilisieren. Mayerhofer zog

Abb. 34: Der katholische Lagergeistlicher Pater Franz Mayerhofer (Ölgemälde Ludwig Ludovici; Beck F., Hungerturm).

nicht zuletzt deswegen die Internierten an, weil er die Amerikaner heftig kritisierte. Seine Popularität wurde noch dadurch verstärkt, dass die Amerikaner ihn deshalb immer wieder in die Arrestbaracke brachten. Mayerhofer fühlte sich wohl mächtig unter Druck gesetzt, hatte doch die evangelische Gemeinde mit ihrem charismatischen Pfarrer Rott an der Spitze erheblichen Zulauf.[128]

Jeden Sonntag fanden drei bis fünf Gottesdienste statt. An manchen Monaten wurden über 10.000 Kommunionen gespendet. Zudem feierte Pater Mayerhofer täglich Messen mit jeweils 300-400 Teilnehmern sowie Abendandachten. Zusätzlich gab es wöchentlich Vorträge über die Glaubenslehre.[129]

Die katholische Kirche kümmerte sich auch um soziale Fragen. Im Lager gab es einen eigenen Caritasbeauftragten. Es handelte sich um einen Internierten, der umfangreiche Unterstützung vom Caritasverband der Diözese erhielt. Die Caritas kümmerte sich besonders um diejenigen, die keine Pakete bekamen.[130]

Der Lagergeistliche arbeitete eng mit der katholischen Pfarrgemeinde Moosburg zusammen. Seit Mai 1946 war in Moosburg eine Caritas-Schwester tätig, die sich unter anderem um die Lagerinsassen kümmerte. Die örtliche Caritas griff auch Familien von Internierten unter die Arme oder leitete deren Adressen an die Caritas in München weiter. Seit dem 21.12.1947 (nach der Entlassung Mayerhofers) kümmerte sich der Moosburger Stadtpfarrer um die Lagerseelsorge.[131]

Die protestantische Lagergemeinde

Die evangelische Lagergemeinde wurde bereits seit Sommer 1945 vom protestantischen internierten Geistlichen Wilhelm Rott aufgebaut. Rott war bei den Internierten sehr beliebt.[132] Er wurde schnell zu einer faszinierenden Figur im Lager, der trotz seines vergleichsweise geringen

Abb. 35: Evangelisches Lagerpfarramt (Stadtarchiv Moosburg).

Abb. 36: Der evangelische Lagerpfarrer Wilhelm Rott (Doerfler H. (Hg.), Freiheit).

Alters großen Eindruck auf die Internierten machte. Tausende kamen zu Rotts Predigten, Hunderte besuchten die tägliche Morgenandacht und die Abendgottesdienste. Es gab Bibelstunden und Bibelkreise, Vorträge und pro Woche 20-25 Reden von Wilhelm Rott, der den ganzen Tag im Lager mit den Insassen sprach und deren Sorgen und Nöte aufnahm. [133] Bis zum Frühjahr 1946 reduzierte sich die Zahl der Sonntagsgottesdienste, auch die anderen Veranstaltungen scheinen vor dem Hintergrund der sinkenden Belegungszahlen nicht mehr so gut besucht gewesen zu sein.[134]

Bis September 1945 war vieles in der Gemeindeorganisation noch provisorisch, ab dann konnte eine Gemeindeorganisation aufgebaut werden. Schließlich war die evangelische Lagergemeinde folgendermaßen strukturiert: An ihrer Spitze standen der Lagerpfarrer und sein Assistent.

Diese wurden unterstützt von Vertrauensleuten in jedem Block, die Vertrauensleute in jeder Baracke unter sich hatten. Zusätzlich gab es eine Laienvertretung, bestehend aus einem Senior und einem Kirchenrat aus sechs Mitgliedern. Um die Priester zu entlasten, wurden im Laufe der Zeit sieben Laienprediger ausgebildet.[135]

Jeden Sonntag feierte die Gemeinde drei Gottesdienste mit etwa 500-600 Gläubigen, untermalt von einem Kirchenchor, täglich fand eine Morgenandacht statt, drei Mal wöchentlich Abendmahlsgottesdienste und Bibelstunden. Alle 14 Tage war Gemeindeabend mit musikalischen Darbietungen oder Vorträgen zu verschiedenen Themen. Jede Woche gab es einen Singabend zur Einstudierung der Kirchenlieder. Außerdem existierte eine Arbeitsgemeinschaft für christliche Sozialethik, die aus 15-20

Abb. 37: Gemeindemitglieder Katzenberger und Aupperle (Stadtarchiv Moosburg).

Sachverständigen bestand, Denkschriften zu verschiedenen Themen verfasste und diese an den evangelischen Landesbischof schickte. Die Innere Mission und das Evangelische Hilfswerk für Internierte und Kriegsgefangene waren ebenfalls im Lager tätig.[136]

Die Moosburger Bruderschaft

In der evangelischen Lagergemeinde wurden bald auch Laien mit wichtigen Aufgaben betraut und so zum Rückgrat einer lebendigen, eng verbundenen Gemeinschaft. Die evangelische Lagergemeinde schuf sich damit starke Strukturen, die die Zeit im Lager überdauerten. Aus der evangelischen Lagergemeinde entstand, inspiriert vor allem von Wilhelm Rott, die „Moosburger Bruderschaft", in der über die Zeit der Internierung hinaus Internierte in Kontakt blieben und sich immer wieder zu Freizeiten trafen. Sie gab als Mitteilungsblatt den „Moosburger Brudergruß" heraus und war in der evangelischen Männerseelsorge tätig. Die Bruderschaft blieb über Jahre hinweg aktiv und hielt im Juni 1965 eine Gedenkfeier ab.[137] 1995 löste

sich die Bruderschaft nach dem Tod der Mehrzahl ihrer Mitglieder auf. 2005 feierte die evangelisch-lutherische Gemeinde in Moosburg zur Erinnerung an den 60. Jahrestag der Gründung der Lagergemeinde einen Gedenkgottesdienst.[138]

Abb. 38: Gemeindemitglieder vor der Kirchenbaracke (Doerfler H. (Hg.), Freiheit).

6. Kontakt zur Außenwelt - Post, Besuche und Urlaub

Kontakt zur Außenwelt konnten die Internierten nur nach und nach aufnehmen. Größere Freiheiten gab es in diesem Bereich während der Zeit der deutschen Lagerverwaltung.

Kontakt nach außen

Der Kontakt nach außen war zunächst überhaupt nicht, dann lange Zeit nur sehr eingeschränkt möglich. Ein Ziel der Internierung war ja gerade, den Einfluss der Lagerinsassen auf die deutsche Gesellschaft zu unterbinden. Deswegen verwehrten die Amerikaner den Internierten bis Dezember 1945 jegliche Kontaktaufnahme mit der Außenwelt, sogar mit ihren Angehörigen. Sie durften diesen nicht einmal die Tatsache der Internierung mitteilen. In dieser Zeit konnten Internierte ihre Angehörigen nur dadurch informieren, dass Entlassene Mitteilungen weitergaben oder Botschaften aus dem Lager schmuggelten. Ein weiterer Weg war, dass Lagerinsassen auf Außenkommando Briefe mitnahmen und an Kontaktpersonen weitergaben, die sie zur Post brachten oder direkt beim Empfänger ablieferten. Solche Kanäle wurden zwar häufig genutzt, die Weitergabe von Nachrichten auf diese Weise war jedoch schwierig, weil die Amerikaner die Internierten streng bewachten.[139]

Ein wichtiger Bote war der Moosburger Stadtpfarrer, der als Geistlicher in der Regel nicht durchsucht wurde und manchmal Briefe aus dem Lager schmuggelte oder Botschaften der Angehörigen mitteilte. In dieser Zeit, aber auch noch in späteren Jahren, war der Pfarrhof in Moosburg Anlaufstelle für zahlreiche Angehörige, die sich per Post (im Pfarrhof gingen pro Tag 20 bis 30 Briefe ein) oder persönlich nach dem Schicksal ihrer Familienmitglieder

erkundigten. Dort versuchte man, Auskunft zu geben und Rat zu erteilen, Pakete an Internierte weiterzuleiten und Nachtquartiere zu vermitteln. In der ersten Zeit scheint der Pfarrhof die einzige Auskunftsstelle für die Angehörigen gewesen zu sein. Teilweise wurden die Familien direkt vom Roten Kreuz an den Stadtpfarrer von Moosburg verwiesen.[140]

Nachrichten von außen

Nachrichten von außen kamen zunächst ebenfalls nur sehr spärlich ins Lager. Zeitweise konnten die Internierten Radio empfangen, Zeitungen kamen sporadisch ins Camp. Erst ab April 1947 durften die Lagerinsassen regelmäßig Zeitungen beziehen. Die Internierten bekamen zwar besonders wichtige Ereignisse wie den Abwurf der Atombomben oder das Kriegsende in Japan mit, wussten aber sonst wenig über die Welt draußen, was wiederum die Gerüchteküche anheizte.[141]

Die Moosburger Bevölkerung sollte sich ebenso vom Lager fernhalten. Mit Bekanntmachung vom 24.11.1945 wurde Kindern verboten, das „Stalag-Gelände" (so der Originaltext) zu betreten. Dieses Verbot wiederholte der amerikanische Militärbefehlshaber für Moosburg in der Folgezeit und weitete es persönlich und inhaltlich aus: Am 15.12.1945 erging eine Bekanntmachung, wonach es Kindern und erwachsenen Zivilisten untersagt war, die „Stalag-Kaserne" (Unterkunft der Wachmannschaften außerhalb des Lagers) zu betreten, ebenso das Gelände zwischen Kaserne und „Stalag". Darüber hinaus war die Straße zum „Stalag" ab dem BayWa-Lagerhaus für Zivilisten gesperrt. Die Bevölkerung wurde darauf hingewiesen, dass das Eindringen in das Sperrgebiet rund um das Stalag den Einsatz von Schusswaffen zur Folge haben könne. Dieses Verbot scheint nur wenig beachtet worden zu sein, da es im März 1946 erneuert und bei Zuwiderhandlung Arrest oder Militärgericht angedroht wurde.[142]

Selbst dann, wenn sich Personen von außen dem Lagerzaun auch nur näherten, hatten die amerikanischen Soldaten den Befehl, sofort das Feuer zu eröffnen. Diese Anweisung wurde umgesetzt. Am 04.08.1946 erschoss ein Posten eine Frau, die sich in der Umgebung des Lagers aufgehalten hatte. [143]

Paketpost

Angesichts der schwierigen Ernährungslage erlaubten die Amerikaner schon früh, dass die Lagerinsassen

Abb. 39: Paketausgabe (Zeichnung Gerwald Panzer; Beck F., Hungerturm).

Pakete erhielten. Päckchen mit Lebensmitteln, aber ohne Botschaften an die Internierten, durften bereits im Sommer 1945 ins Lager gesandt werden. Ein Internierter berichtet, er habe sein erstes Paket schon Ende Juli oder Anfang August erhalten. Da direkt nach Kriegsende die Post noch nicht zuverlässig funktionierte, mussten die Pakete direkt am Camp abgegeben werden. Dies war nur an zwei Tagen in der Woche möglich. Schon um fünf Uhr in der Früh bildeten sich am Abgabeschalter lange Schlangen von Menschen, die ihre Pakete abliefern wollten. Vor allem für Auswärtige war die Paketabgabe aufwändig. Alle, die zum Lager wollten, benötigten für diesen Weg nämlich einen Passierschein. Diesen konnte man ab acht Uhr morgens am Rathaus erhalten. Um noch einen Passierschein zu bekommen, musste man sich jedoch so früh wie möglich anstellen, am besten direkt um fünf Uhr, dem Ende der nächtlichen Ausgangssperre. Dieses gab ein amerikanischer Soldat dadurch bekannt, dass er mit einer Pistole in die Luft schoss. Wer zu früh auf die Straße ging,

riskierte die Festnahme. Daher mussten Auswärtige nicht nur beschwerliche Reisewege in Kauf nehmen, sondern möglichst schon am Tag vorher in Moosburg sein, um noch einen Passierschein ergattern und ihr Paket zum Lager bringen zu können. Manche Angehörige mussten tagelang warten, bis sie ihr Päckchen „loswurden". Daher war die Weiterleitung von Paketen durch den Pfarrhof wichtig. Außerdem begannen einige Moosburger, für kleine Gegenleistungen Päckchen zum Lager zu bringen.

Die Internierten durften pro Monat ein Päckchen und ein Paket versenden, jedoch so viele Päckchen und Pakete empfangen, wie für sie eingingen. Da es verboten war, Briefe, Waffen, gefährliche Gegenstände oder Alkohol mitzuschicken, durchsuchte man die Pakete gründlich. Brote wurden mehrmals durchgeschnitten, Kuchen zerlegt und Päckchen mit Grieß, Mehl oder Haferflocken genau untersucht, Dosen geöffnet. Immer wieder gab es Vorwürfe, dass die Wachen dabei unberechtigterweise Gegenstände an sich nahmen.[144]

Die Zahl der Pakete war sehr groß, allein im Februar 1946 sollen es 17.000 gewesen sein. Auf diese Weise verbesserte sich die Ernährungssituation im Lager. Manche Internierte, vor allem mit Beziehungen zur Landwirtschaft, ließen sich ganze Säcke mit Kartoffeln, Rüben oder Brot schicken. Andererseits konnten in den ersten Monaten viele Internierte gar keine Pakete erhalten, weil sie ihre Familien nicht benachrichtigen durften. Diese wussten daher auch nicht, wo sich ihre Angehörigen aufhielten. So bildete sich wegen des Empfangs oder Nicht-Empfangs von Paketen eine Zwei-Klassen-Gesellschaft im Lager, was zu erheblichen Streitigkeiten und Reibereien führte.[145]

Briefe an die Angehörigen

Erst im Dezember 1945 konnten die Internierten eine vorgedruckte Postkarte an ihre Familien versenden, auf der lediglich vermerkt war, dass die betreffende Person dem automatic arrest unterlag und wo sie sich befand. Für viele Angehörigen war dies das erste Lebenszeichen seit der Verhaftung. Eine zweite Karte mit gleichem Inhalt musste an die Bürgermeister der Wohnorte der Familien geschickt werden. Viele Internierte fürchteten jedoch Nachteile für ihre Angehörigen und unterließen daher das Absenden der Karte. Eine Antwort durften die Lagerinsassen nicht erhalten.[146]

Ab Februar 1946 war es dann erlaubt, Postkarten nach Hause zu senden. Am 08.02.1946 teilte die Lagerleitung den Internierten mit, dass sie auf Postkartenvordrucken einmal pro Monat an ihre Angehörigen schreiben durften, aber nur in lateinischer Blockschrift. Am 22.02.1946 wurden dann die ersten Vordrucke verteilt und die Insassen konnten die ersten Postkarten nach Hause schicken. Später war es auch gestattet, Briefe zu versenden.[147]

Es war verboten, in den Briefen über die geographische Lage des Camps zu schreiben, sich negativ über die

amerikanische oder deutsche Lagerleitung zu äußern oder politische Ansichten zu verbreiten. Die Postsendungen unterlagen der Zensur. Die Amerikaner übertrugen diese Aufgabe vertrauenswürdigen Internierten. Nach der Übernahme in deutsche Verwaltung übten Mitarbeiter des für die Lager zuständigen Sonderministeriums für politische Befreiung die Zensur aus. In Moosburg öffneten zwei Internierte die Post, während sieben Angestellte die ein- und ausgehenden Briefe lasen. Ihr Pensum lag bei 130-150 Briefen täglich. Sie wurden wiederum von einem Oberprüfer kontrolliert, der die zensierten Briefe stichprobenartig durchlas. Verstöße gegen die Zensurvorschriften wurden mit Arrest und Postsperre bestraft.[148]

Da die Ressourcen der Zensur begrenzt waren, konnten die Internierten nur eine begrenzte Anzahl Briefe versenden. Im April 1947 durften sie pro Woche zwei Briefe mit 40 Zeilen schreiben, außer Post in Entnazifizierungsangelegenheiten. Schreiben mit mehr als 40 Zeilen wurden verbrannt.[149] Erst am 26.04.1947 gab man den Briefverkehr komplett frei, ausgenommen waren die zu Arbeitslager Verurteilten. Darüber hinaus blieb der Briefverkehr von Lager zu Lager weiterhin verboten.[150]

Briefe von außen

Am 25.01.1946 gab die Lagerleitung bekannt, dass nun auch Briefe ins Lager geschickt werden durften. Noch am selben Tag verteilte man die ersten Sendungen von außen im Camp. Allerdings hatte die Zensur der nun erlaubterweise ins Lager gesandten Briefe für die Empfänger manchmal unangenehme Folgen – nämlich dann, wenn dort auf eine vorher aus dem Lager geschmuggelte Botschaft verwiesen wurde. Fiel dies der Zensur auf, verhängte die Lagerleitung Arrest-Strafen.[151]

Nach der Gestattung des Postverkehrs stieg die Zahl der Sendungen so stark an, dass man in den Lagern eigene

Postämter einrichtete, die die Internierten betrieben. Die Postsperre blieb ein beliebtes Mittel der Lagerleiter, die Lagerinsassen zu bestrafen.[152]

Besuche

Besuche waren während der Zeit der amerikanischen Lagerverwaltung nicht gestattet. Trotzdem versuchten viele Ehefrauen, von außerhalb des Lagers mit ihren internierten Ehemännern Kontakt aufzunehmen. Die amerikanischen Wachen waren jedoch

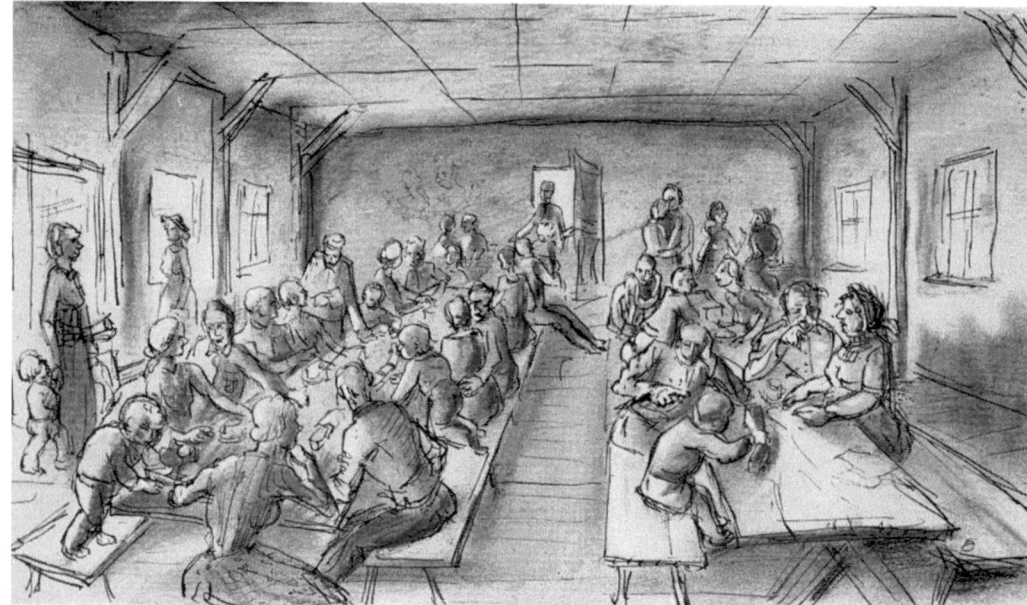

Abb. 40: In der Besuchsbaracke (Zeichnung Gerwald Panzer; Beck F., Hungerturm).

bestrebt, dies in jedem Fall zu unterbinden. Teilweise nahmen sie die Ehefrauen, die sich dem Lager näherten, in Gewahrsam, in extremen Fällen wurden sogar Schusswaffen eingesetzt.[153]

Nach Übergang des Lagers in deutsche Verwaltung konnten die Internierten ab Mitte Oktober 1946 Besuch empfangen. Hierzu gab es eine eigene Besuchsbaracke. Dort war ein langer Tisch aufgebaut. Auf der einen Seite saß der Besucher, auf der anderen Seite der Internierte. Dazwischen lief ein Drahtgeflecht. Dieses Gestell hatte bei den Internierten den Namen „Sautrog". In Moosburg war grundsätzlich einmal im Monat ein Besuch von 45 Minuten erlaubt (Das Lager Moosburg war hier besonders streng, in Nürnberg-Langwasser waren 60 Minuten, in Regensburg sogar 120 Minuten möglich). In den ersten

Monaten unter deutscher Verwaltung kümmerte man sich jedoch kaum um die Besuchsregeln. Ein Internierter berichtet, dass im Dezember 1946 die Besuchszeiten offiziell eine Stunde betrugen. Tatsächlich dauerten die Besuche oft drei bis vier Stunden, „denn die deutschen Wachposten haben auch Hunger, verschmähen nur ungern Kuchen oder Wurst". Die Drahtbarriere zwischen Interniertem und Besuch wurde teilweise auseinandergebogen, Internierte gaben Besuchern ganze Berge von Briefen (unter Umgehung der Zensur) mit. Diese brachten im Gegenzug heimlich Gegenstände ins Lager, die die Internierten nicht besitzen durften. Es ging hoch her, Kinder liefen herum, es wurde Unterhaltungsmusik gespielt. Allgemein hoben die Besuchsmöglichkeiten die Stimmung erheblich. Da die zunächst relativ lockere Handhabung der Besuchsregelungen Fluchten erleichterte, wurden die Bestimmungen später wieder verschärft und konsequenter umgesetzt.[154]

Urlaub

Urlaub gewährte die amerikanische Lagerverwaltung nur in Ausnahmefällen wie bei Tod oder lebensgefährlicher Erkrankung von Kindern oder Ehefrau.[155]

Aber auch die ab Oktober 1946 tätige deutsche Lagerleitung gestattete Urlaub zunächst nur sehr restriktiv. Die Sorge vor Fluchten, Kontaktaufnahmen mit Personen außerhalb des Lagers oder die Vorbereitung oder Erleichterung von Sabotagemaßnahmen war zu groß. Nach der Übergabe der Lager an die deutsche Verwaltung mussten die Urlaubsgesuche von Internierten weiterhin den Beauftragten der Militärregierung in den Lagern zur Zustimmung vorgelegt werden und gingen dann zur Entscheidung an das Sonderministerium. Da die örtliche Militärregierung das Vorliegen eines Urlaubsgrundes bestätigen und das Sonderministerium den Antrag genehmigen musste, war in vielen Fällen der Grund der Urlaubsgewährung bereits vor Genehmigung weggefallen, der Antrag hatte sich damit erledigt.[156]

Ab Januar 1947 waren Urlaube auch dann möglich, wenn der Internierte ausreichend Kaution stellte. Im März 1948 wurde die Gewährung von Urlaub dann großzügig gehandhabt, von 453 Internierten erhielten 177 Osterurlaub.[157]

Einige Insassen genehmigten sich Urlaub selbst. Beliebt war dabei folgende Methode: Wenn sie auf Außenkommando waren, entfernten sie sich von der Gruppe. Ein „Vertreter", zum Beispiel ein Freund, Bruder oder Nachbar, übernahm die Stelle des Internierten und marschierte mit dem Kommando ins Lager. Dort gab er sich für den Internierten aus. Beim nächsten Außeneinsatz wurden die

Rollen wieder getauscht, der Internierte kehrte schließlich ins Lager zurück. Da auf Außenkommandos nur wenige Wachen zur Verfügung standen und diese häufig wechselten, waren die Wachposten kaum in der Lage, die Gesichter der Internierten wieder zu erkennen.[158]

Beschaffungsfahrten

Eine Möglichkeit für eine privilegierte Gruppe von Internierten, das Lager zu verlassen, waren Beschaffungsfahrten. Um an dringend benötigte Ausrüstungsgegenstände und Nahrungsmittel zu gelangen, griffen die Lagerleiter gerne auf Internierte mit entsprechenden Beziehungen zurück, um sich bürokratische Zuweisungsverfahren zu ersparen oder um diese Gegenstände überhaupt zu bekommen. So machten schon die Amerikaner im Lager Moosburg den Internierten, die in der Lage waren, Stroh, Kartoffeln oder anderes Gemüse zu beschaffen, Anfang Juli 1945 das Angebot, sie nach Hause zu fahren und diese Gegenstände zu holen. Diese Beschaffungsfahrten ermöglichten Kontakt mit den Angehörigen oder die Erledigung von Botendiensten für andere Lagerinsassen. Dies galt auch für diejenigen Internierten, die solchen Kommandos zugeteilt waren.[159]

Internierte, die nach der Übergabe der Camps in die Zuständigkeit deutscher Behörden für die Lagerverwaltung arbeiteten, scheinen ebenso die Gelegenheit zum Verlassen des Lagers erhalten zu haben, zumindest in den Monaten vor der Amtszeit von Sonderminister Loritz (21.12.1946-24.06.1947). Sie konnten private Telefonate mit Angehörigen führen oder das Lager für Spaziergänge, zum Beispiel in Moosburg, verlassen. Manche wurden auf Lehrgänge außerhalb des Lagers geschickt. Es war dann möglich, Freunde zu besuchen oder einige Tage Urlaub „dranzuhängen". Diese Internierten konnten sogar mehrtägigen Urlaub für Treffen mit Angehörigen außerhalb des

Lagers erhalten oder ihre Besucher im Lager übernachten lassen. Auf nicht erklärliche Weise gelang es einem Internierten angeblich sogar, wochenlang durch Deutschland zu reisen und nur noch sporadisch im Lager anwesend zu sein.[160]

7. Bewachung, Fluchten und Bestrafung von Internierten

Bewachung und Fluchten waren während der gesamten Zeit des Bestehens des Lagers ein wichtiges Thema, das die Lagerleitungen, das Sonderministerium und die Militärregierungen permanent beschäftigte.

Bewachung durch die Amerikaner

Während der Zeit der amerikanischen Lagerleitung war die Bewachung streng. Fluchtversuche sollten in jedem Fall unterbunden werden. Auf jeden Flüchtigen war zu schießen. Selbst dann, wenn sich Internierte dem Lagerzaun auch nur näherten, hatten die amerikanischen Soldaten den Befehl, sofort das Feuer zu eröffnen. Dass Fluchten nicht ungefährlich waren, zeigt das Beispiel eines Internierten, den Wachposten im Juni 1946 erschossen, obwohl er sich bereits außerhalb des Lagergeländes befand. Insgesamt wurden nach Angaben von Internierten, die sich mit einer beim Standesamt Moosburg geführten Liste weitgehend decken, drei Personen bei tatsächlichen oder vermeintlichen Fluchtversuchen getötet. Bei einer Person liegt dies aufgrund der in der Liste angegebenen Todesursache (Verletzung durch Gewehrschuss) nahe.[161]

Trotz der strengen Bewachung kam es zwischen den amerikanischen Posten und den Internierten bald zu engen Kontakten. Dies betraf vor allem die geschäftliche Ebene, da die Internierten ihre verbliebenen, durch die Eingangs-

kontrollen geschmuggelten Wertsachen bei den Wachen gegen Nahrungsmittel und Zigaretten eintauschten.[162]

Erste Fluchten und die Reaktion der Amerikaner

Trotz dieser strengen Bewachung und der damit verbundenen Gefahren flüchteten bereits während der Zeit der amerikanischen Lagerleitung zahlreiche Internierte. Im Februar 1946 kam es zu mehreren erfolgreichen Ausbrüchen. Einige Gefangene durchschnitten einfach den Stacheldrahtzaun, der das Lager umgab, und flüchteten durch die Lücke. Angesichts amerikanischer Streifen und dem Einsatz von Scheinwerfern durchaus ein kühnes Vorgehen. In einem Fall floh ein Ehepaar über den doppelten äußeren Lagerzaun. Der Mann war bereits drüben, als die Frau entdeckt wurde. Als man auf sie schoss, gab die Frau auf. Einige Internierte nutzten dichten Nebel und legten ein Brett über die beiden äußeren Lagerzäune, die im Abstand von 2,5 Metern errichtet waren.[163]

Die Amerikaner reagierten auf diese Fluchten damit, dass sie große Scheinwerfer an den Außenzäunen errichteten und ab 19 Uhr niemand mehr die Baracken verlassen durfte, sodass die Kulturveranstaltungen teilweise ausfielen. Zusätzlich ging der amerikanische Kommandant äußerst geschickt vor. Er wolle, so erklärte er den Internierten, einen Schusswaffeneinsatz vermeiden. Da er nicht genügend amerikanische Wachsoldaten habe, müsse er ein aus Polen bestehendes Bataillon einsetzen. Eine Alternative sei es, den aus Internierten bestehenden Ordnungsdienst deutlich zu verstärken und zur Verhinderung von Fluchten einzusetzen. Da die Internierten eine Bewachung durch Polen, die sie für besonders rücksichtslos hielten, vermeiden wollten, gingen sie auf das Angebot des Kommandanten ein. Sie erhöhten den Ordnungsdienst um 140 Mann und vereinbarten mit der amerikanischen Lagerleitung, dass der Dienst fluchtwillige Internierte davon überzeugen sollte, ihr Unternehmen aufzugeben. Er war jedoch nicht verpflichtet, Fluchtpläne oder Fliehende den Amerikanern zu melden. Die Internierten waren mit der Vereinbarung sehr zufrieden. Dennoch erfüllten sich die Erwartungen der amerikanischen Lagerleitung nicht. Nach weiteren Fluchten verstärkte der Kommandant die Wachen doch noch durch ein polnisches Bataillon, das an den Außenzäunen patrouillierte und teilweise die Wachtürme besetzt hielt. Mit den polnischen Soldaten kamen nur Angehörige der Außenkommandos in Kontakt. Das Verhältnis war dann doch nicht so schlecht wie befürchtet. Die Kommando-Mitglieder teilten ihren Kameraden im Lager mit, dass sich die Polen angeblich inzwischen auch von den Amerikanern zurückgesetzt fühlten. Sie könnten ebenso wenig in ihre Heimat zurück und hätten kein Interesse daran, die Internierten zu schikanieren.[164]

Spektakuläre Fluchten

Am 11.03.1946 kam es zu einer Aufsehen erregenden Flucht. An diesem Tag erschienen sechs Internierte beim Lagerlazarett und gaben vor, einem Arbeitskommando anzugehören, das die Kanalisation reparieren sollte. Die Internierten stiegen in einen Kanal, folgten diesem und kamen schließlich an einer Wiese vor dem Lager an. Ein Gefangener war zu korpulent für die enge Röhre und musste sich daher bei den Amerikanern bemerkbar machen, zwei wurden wieder ergriffen. Eine polnische Pionierkompanie erhielt sodann den Auftrag, diesen Kanal unpassierbar zu machen. Ein Internierter vermutet, dies sei durch den Einsatz von Tellerminen geschehen.[165]

Auch andere Lagerinsassen versuchten es mit List. Zwei Internierte taten so, als gehörten sie zu einem Außenkommando, legten sich zur Tarnung einen Balken auf die Schulter und marschierten durch die Lagertore. Ein anderer Lagerinsasse konnte während der Paketabholung zur CIC-Baracke gelangen und erklärte, er müsse dringend

seinen internierten Bruder sprechen. Dort ging er dann so lange den CIC-Mitarbeitern auf die Nerven, bis ihn diese durch zwei amerikanische Soldaten aus dem Lager werfen ließen.[166]

Besonders fluchtfreudig waren die ehemaligen SS-Angehörigen. Ein Offizier der SS schneiderte sich eine Bekleidung, die der amerikanischen Uniform in Schnitt und Farbe sehr ähnlich sah und brachte sogar noch amerikanische Armeeabzeichen an. Allerdings hatte er sich keine entsprechenden Schuhe beschaffen können. Der Lagerwache, die wegen der Tatsache, dass an diesem Abend die Wachmannschaften keinen Ausgang hatten, misstrauisch geworden war, fiel auf, dass die Schuhe nicht zur Uniform passten. Als der Internierte mangels Sprachkenntnissen auf Anrufe des Postens nicht antworten konnte, nahm dieser ihn fest. Im April 1946 gelang elf SS-Angehörigen die Flucht. Sie hatten, als Arbeitstrupp getarnt, der einen Telefonmasten setzen wollte, am Nordrand der Sportbahn unter den Augen der amerikanischen Wachen einen Zugang zu einem unter dem Gelände verlaufenden Kanal gegraben. In der Nacht verließen sie mit Gepäck das Lager durch den Kanal, wobei sich ihnen ein polnischer Wachsoldat, der die Flucht bemerkt hatte, anschloss. Als Reaktion auf diese Fluchten wurden die SS-Angehörigen im Block VIII zusammengefasst, um sie besser bewachen zu können.[167]

Bewachung durch deutsche Wachmannschaften

Mit der geplanten Übernahme der Lager durch das bayerische Sonderministerium für politische Befreiung im Herbst 1946 stellte sich die Frage der Bewachung. Die Amerikaner zogen ihre Wachsoldaten ab und forderten von deutscher Seite die Aufstellung entsprechender Wachmannschaften. Der bayerische Innenminister konnte Überlegungen, die Polizei zur Bewachung einzusetzen, verhindern. Neben der Tatsache, dass in erheblichem Umfang Personal gebunden würde, fürchtete er die Korruption in den Lagern. Schließlich erhielt das bayerische Arbeitsministerium den Auftrag, eine 5.000 Mann starke Wachmannschaft für die bayerischen Internierungslager aufzustellen. Die Bewerber mussten körperlich gesund, durften nicht vorbestraft, mussten politisch einwandfrei und im Umgang mit Waffen ausgebildet sein. Schließlich mussten die Wachmannschaften noch geschult werden. Diese Ausbildung fand für ganz Bayern in den Lagerwachschulen I und II in Moosburg statt. Die Schulen waren durchgehend mit 250 Wachmännern belegt.[168]

Probleme beim Aufbau der Wachmannschaften

Allerdings gab es erhebliche Probleme, eine geeignete Truppe aufzustellen. Bis Juli 1946 lagen nur 200-300 brauchbare Bewerbungen vor. Das Ministerium musste nun die Kriterien aufweichen und laxer anwenden, um überhaupt bis zum Übergabetermin im Herbst die benötigte Zahl an Wachmannschaften bereit stellen zu können. Ein Problem war dabei, dass die fähigen und gut ausgebildeten Arbeitskräfte in der Privatwirtschaft tätig wurden, die besser bezahlte. Schließlich war das Ministerium gezwungen, fast jeden Bewerber zu nehmen, auch unzuverlässige Personen, sodass Probleme mit undisziplinierten, ungeeigneten und korrupten Wachen schon vorprogrammiert waren. Viele Wachmänner waren aufgrund des Krieges und der darauffolgenden Strapazen krank und nur eingeschränkt leistungsfähig. Unehrliche Wachleute verhinderten Einigkeit und Kollegialität in der Wachmannschaft. Jeder verdächtigte jeden. Diebstähle und Korruption untergruben die Moral der Truppe. Die Wachen waren schlecht ausgerüstet und bekleidet, vor allem die Ausstattung mit Schuhen war mangelhaft. Die Wachleute wurden miserabel bezahlt. Hinzu kam, dass die Wach-

mannschaften in vielen Bereichen schlechter gestellt waren als die Internierten. Sie erhielten weniger Verpflegung, die Unterkünfte waren unzureichend eingerichtet und baufällig. Verbittert konstatierten Wachleute, dass Baracken, solange sie diese als Unterkünfte verwendeten, nicht ausgebessert wurden, wenn aber Internierte einzögen, stünde sofort ausreichend Baumaterial zur Verfügung. Ein Abgeordneter des Landtags stellte fest, die eigentlichen Gefangenen der Lager seien die Wachen, nicht die Internierten.[169]

Unmotivierte Wachen

Dass die Wachmannschaften vor dem Hintergrund dieser Situation wenig diensteifrig und offen für Korruption waren, ist durchaus nachvollziehbar. So war zwar jeglicher außerdienstliche Verkehr der Wachmannschaften mit den Internierten verboten, jedoch übernahmen die deutschen Posten schnell die bisherige Funktion der amerikanischen Soldaten beim Tauschhandel. Manche Wachleute erteilten gegen amerikanische Zigaretten Sonderurlaub für die Abend- und Nachtstunden oder besuchten bei Außenkommandos gemeinsam mit Internierten Lokale.[170]

Die laxe Auffassung der Wachmannschaften zeigte sich in verschiedenen Bereichen. Zählappelle wurden nur ungenau durchgeführt, sodass sich Internierte mehrmals zählen lassen konnten, was ihren Kameraden die Flucht ermöglichte. Auf Außenkommandos kam es sogar vor, dass die Wachleute ihre Waffen irgendwo ablegten, die Internierten sich selbst überließen und Besorgungen machten. Manchmal hatten die Wachen gleich gar keine Waffen dabei. Ein im März 1948 in Freising zu Brückenbauarbeiten eingesetztes Kommando aus Moosburger Internierten wurde von einem Posten bewacht, der ohne Waffe angetroffen wurde.[171]

Schwierige Arbeitsbedingungen

Die Bewachung wurde jedoch auch durch die äußeren Umstände erschwert. Dies begann mit der geringen Zahl an Wachleuten, was vor allem bei Außenkommandos in unübersichtlichen Räumen Fluchten erleichterte. Hinzu kam, dass in den Kommandos die Personen wegen Krankheit oder Ausfall immer wieder wechselten, sodass es für die Wachleute schwierig war, sich die Gesichter der Internierten einzuprägen. Zudem unterschied sich das Erscheinungsbild von Internierten und Wachleuten kaum, da die Wachmänner nur lückenhaft mit Uniformen ausgestattet waren. Teilweise trugen die Wachen nur Armbinden als Erkennungszeichen, was jedoch nicht von durchschlagendem Erfolg gekrönt war, als sich auch die Internierten nun solche Armbinden bastelten.[172]

Außerdem litten die Wachmannschaften unter einer überbordenden Bürokratie. Dies betraf vor allem die Bewaffnung. So war das Übungsschießen streng reglementiert, es durfte nur mit Genehmigung des Sonderministeriums stattfinden, das seinerseits eine Genehmigung der Militärregierung einzuholen hatte. Zusätzlich musste der für das Lager zuständige amerikanische Sicherheitsoffizier anwesend sein.[173] Hinzu kamen umfangreiche und detaillierte Berichtspflichten.

Wachorganisation im Lager Moosburg

Die Wache im Moosburger Internierungslager war in zehn Gruppen organisiert. An der Spitze der Wachmannschaften standen der Wachkommandoführer und dessen Stellvertreter. Dann kamen die Haupt- und Oberwachtmeister, gefolgt von den Wachtmeistern, den Oberwachmännern und Wachmännern. Ab Juli 1946, in Vorbereitung auf die Übergabe des Lagers Moosburg in deutsche Verwaltung, patrouillierten deutsche Posten gemeinsam mit der polnischen Wachmannschaft. Am 20.08.1947 wurden die Internierten von 550 Wachleuten beaufsichtigt, denen aber nur 400 Betten zur Verfügung standen. Am 31.03.1948 waren im Lager 192 Wachen eingesetzt (für 453 Internierte).[174]

Fluchten während der deutschen Verwaltung

Auch nach dem Übergang des Lagers in deutsche Verwaltung kam es zu Fluchten. Ein Internierter, der Asche auf einen Lastwagen laden musste, sprang bei Abfahrt des LKW auf und wurde so aus dem Lager gebracht. 1947 flohen mehrere Internierte über die Ausstiege eines 2,5 km langen Kanals, der durch das Lager bis in die Stadt Moosburg führte.[175]

Während der Zeit der deutschen Verwaltung flohen aus dem Lager Moosburg insgesamt 351 Internierte, 44 kehrten zurück. Für Moosburg liegen zwar keine Vergleichszahlen zur Phase der amerikanischen Lagerverwaltung vor, doch zeigen Zahlen aus dem Lager Regensburg, dass die amerikanische Bewachung nicht immer effektiver war. Die meisten Fluchten kamen dort im November 1945 mit 135 Fluchtfällen vor, im November 1946, nach Übergabe an die deutsche Verwaltung, gab es lediglich 32. Dies ist angesichts des rigorosen Vorgehens der Amerikaner und der geringen Leistungsfähigkeit der deutschen Wachmannschaften durchaus bemerkenswert.[176]

Viele Flüchtende stammten von außerhalb der amerikanischen Besatzungszone. Sie versuchten aus zwei Gründen, in ihre Heimat zu gelangen. Zunächst war ihre Entnazifizierung in der amerikanischen Zone zurückgestellt worden, diese sollte in der Heimatzone geschehen. Entsprechende Transporte kamen jedoch nur schleppend in Gang. Hinzu kam, dass die Entnazifizierung in der britischen und französischen Zone weit weniger streng gehandhabt wurde als in der amerikanischen, sodass Internierte aus diesen Zonen auf ein milderes Urteil hofften. Die meisten Flüchtenden waren erfolgreich, vor allem wenn sie nicht aus der amerikanischen Besatzungszone kamen. Bald bemühte man sich nämlich gar nicht mehr, diese Flüchtenden zu ergreifen.[177]

Bestrafung der Internierten

Bestrafungen nahmen sowohl die amerikanische Lagerleitung als auch die Selbstverwaltung der Internierten vor. Im Sommer 1945 konnte der Lagerbürgermeister bei leichteren Fällen Einzelhaft und sonstige Arreststrafen bis zu zwei Wochen verhängen, ebenso Strafarbeiten. Der Arrest wurde in einer Strafbaracke im südlichen Teil des Lagers verbüßt. Leistete der Internierte diesem Urteil nicht Folge oder reichten nach Ansicht des Bürgermeisters zwei Wochen Arrest nicht aus, meldete sich der Bürgermeister bei den Amerikanern. Die Amerikaner vollstreckten die von ihnen verhängten Strafen im sogenannten Jail, das sich im äußeren Teil des Lagers befand. Alle Verurteilungen wurden beim Appell bekannt gegeben und an Schwarze Bretter angeschlagen. Die Zahl der Verurteilungen war niedrig.[178]

Ab Juli 1945 war die geringste Form der Ahndung der zweitägige Entzug von Verpflegung. Dies konnte auch einen ganzen Block treffen, wenn einige seiner Insassen gegen die Lagerregeln verstoßen hatten. Postsperren waren ebenfalls ein beliebtes Mittel, Internierte zu disziplinieren.

Wiederergriffene Geflohene wurden damit bestraft, dass man ihr Entnazifizierungsverfahren zurückstellte oder Arrest verhängte. Dieser konnte bis zu 30 Tagen dauern. In schwerwiegenden oder wiederholten Fluchtfällen kam es auch zu Militärgerichtsverfahren, die dann geringe Freiheitsstrafen in einem Gefängnis nach sich zogen. Bei Verstößen gegen die Grußpflicht gegenüber amerikanischen

Soldaten wurden der Internierte oder ganze Baracken oder Blocks mit einer Kürzung der Rationen bestraft. Manchmal ließ man in solchen Fällen den Internierten mehrere Stunden in strammer Haltung stehen oder verhängte Arrest im Lagergefängnis.[179]

8. Entnazifizierung im Lager und politische Bildung

Die Internierungen war neben Entlassungen ein Teil der umfangreichen Entnazifizierungsmaßnahmen, die vor allem die Amerikaner in ihrer Besatzungszone durchführten.[180]

Die Spruchkammerverfahren

Nach dem Gesetz zur Befreiung von Nationalsozialismus und Militarismus vom 05.03.1946 wurden in der amerikanischen Besatzungszone Spruchkammern eingerichtet, in denen Juristen, vor allem aber Laienrichter, beurteilten, ob jemand aufgrund seiner Tätigkeit und seiner Funktionen während des Nationalsozialismus als Hauptschuldiger (Klasse I), Belasteter (Klasse II), Minderbelasteter (Klasse III), Mitläufer (Klasse IV) oder Entlasteter (Klasse V) einzustufen war. Die Spruchkammern konnten unter anderem Arbeitslagerstrafen verhängen - für Verurteilte der Klasse I zwei bis zehn Jahre, für Verurteilte der Klasse II bis fünf Jahre - die Einziehung von (Teilen) des Vermögens oder Berufsverbote anordnen. Gegen Urteile der Spruchkammern war die Berufung zu Berufungssenaten möglich. Auch die Militärregierung konnte Urteile prüfen und aufheben. Ausgangspunkt der Verfahren waren Fragebögen, die die Internierten wie allgemein die deutsche Bevölkerung ausfüllen mussten. Öffentliche Kläger werteten diese aus und erhoben auf dieser Basis und weiterer eingeholter Informationen Klage bei den Spruchkammern.[181]

Zu wenig Personal

Die Arbeit der Spruchkammern wurde durch organisatorische Schwierigkeiten behindert. In kurzer Zeit mussten Kammern für mehrere hunderttausend Fälle eingerichtet werden. Geeignetes und unbelastetes Personal stand nicht in ausreichendem Maße zur Verfügung. Zeitweise fehlten zudem eine sinnvolle Anleitung und Unterstützung durch das Sonderministerium. Den öffentlichen Klägern gewährten die Amerikaner zudem nur eingeschränkt Zugang zu wichtigen Akten.[182]

Um angesichts der knappen Ressourcen und der übergroßen Zahl an Fällen überhaupt zurande zu kommen, kümmerte man sich zunächst um die Masse der leichten Fälle, vor allem um die offensichtlich Entlasteten, nämlich diejenigen, die keinerlei Naziorganisation angehört hatten. Das Verschieben der Verfahren gegen die schweren Fälle und das Vorziehen der leichteren führte dazu, dass gerade die schwer Belasteten vom hektischen Abbruch der Entnazifizierung im Sommer 1948 profitierten. Nicht zu Unrecht entstand in der Bevölkerung der Eindruck, dass die „kleineren Nazis" (die am Beginn der Entnazifizierung behandelt worden waren) schwerer bestraft wurden als „die Großen" (die erst gegen Ende der Entnazifizierung vor die Spruchkammern kamen).[183] Darüber hinaus zeigte sich die Tendenz, dass die Urteile, vor allem in der Berufungsinstanz, immer milder wurden, je stärker sich der Kalte Krieg entwickelte. Zudem gelang es zahlreichen wichtigen NS-Funktionären und Kriegsverbrechern, sich gegenseitig zu entlasten, meist schriftlich mittels sogenannter „Persilscheine".[184]

Das Verfahren war ebenfalls kritisch. Ein Grundproblem für die Akzeptanz der Kammern und ihrer Urteile war, dass nicht der öffentliche Kläger die Schuld des Betroffenen nachzuweisen hatte, sondern, in völliger Umkehr der deutschen Rechtsgrundsätze, der Betroffene die Schuld-

vermutung widerlegen musste. Diese Situation und das häufig ungeeignete Personal führten dazu, dass die Spruchkammern in der Bevölkerung bald wenig Rückhalt hatten.[185]

Das Ergebnis: Milde für die „großen" Nationalsozialisten

Eine Auswertung der Einstufungen im Rahmen der Entnazifizierung zeigt, dass die Amerikaner das Ziel, wichtige Funktionsträger des nationalsozialistischen Deutschlands als Hauptschuldige und Belastete einzustufen, nicht erreichten. Besonders betroffen waren nicht die deutschen Eliten, sondern Arbeiter, kleine Beamte und Angestellte, die nicht deswegen als Hauptschuldige eingestuft wurden, weil sie zentrale Funktionen ausgeübt oder den Angriffskrieg vorbereitet oder unterstützt hatten, sondern weil sie aus Gewinnsucht oder niedriger Gesinnung Nachbarn bestohlen, betrogen oder denunziert hatten.[186]

Oktober 1946: Die Lagerspruchkammer nimmt ihre Arbeit auf

Am 02.10.1946 nahm die erste Spruchkammer im Internierungslager Moosburg ihre Arbeit auf, außerdem gab es einen öffentlichen Kläger, der von fünf Auswertern unterstützt wurde.[187] Im Juni 1947 waren im Lager 12 Vorsitzende und 12 öffentliche Kläger tätig.[188] Seit Oktober 1947 gab es in Moosburg zudem einen Berufungssenat für die Lagerspruchkammern.[189]

Die Spruchkammern hatten mit technischen Schwierigkeiten zu kämpfen. So war es äußerst schwierig, ausreichend Büromaterial und Ausrüstungsgegenstände zu beschaffen, angesichts des Kohlenmangels im Winter 1946/47 mussten die Kammern ihre Tätigkeit einschränken.[190] Hinzu kamen personelle Probleme. So waren die Spruchkammern im Lager quantitativ und qualitativ schlecht aufgestellt. Ende 1946 konnte im Lager nur eine Spruchkammer betrieben werden, weil es an adäquatem Personal fehlte. Ein öffentlicher Kläger war im Begriff sein Amt aufzugeben, da er angeklagt worden war, öffentliche Gelder unterschlagen zu haben. Die Militärregierung für Freising stellte eine Tendenz zur Milde fest und erklärte resigniert, dass jeder von der Kammer behandelte Einzelfall überprüft werden müsse.[191]

Auch später rissen die Schwierigkeiten nicht ab, wie aus einem Inspektionsbericht aus dem Sommer 1947 hervorgeht. Der Präsident der Kammer und der öffentliche Kläger waren der Meinung, dass manche Vorsitzende und öffentliche Kläger mit ihrer Aufgabe überfordert seien. Nur wenige seien mit dem Entnazifizierungsgesetz vertraut. Die Mitarbeiter des öffentlichen Klägers würden nachlässig ermitteln.[192]

Überlastung

Ein Bericht für Dezember 1946 offenbart die Arbeitsüberlastung der Kammer, aber auch den langsamen Fortgang der Verfahren. In diesem Monat hatten alle 6.787 Internierte den Fragebogen abgegeben. Im selben Monat wurden 648 Fragebögen ausgewertet. Nur in 130 Fällen (51 davon im Dezember) waren Klagen erhoben worden. Bei 50 Klagen im Monat war die lange Zeitdauer bis zum Abschluss aller Verfahren abzusehen. Die Ziffern sind noch dramatischer, wenn man die Zahl der erledigten Fälle betrachtet. Im Dezember hatte die Kammer 32 Fälle abschließen können, bis dahin insgesamt 79. Nur 37 Urteile waren rechtskräftig geworden. [193]

Selbst zum Zeitpunkt der Auflösung des Lagers waren die Spruchkammern noch massiv im Rückstand, wie der Dekadenbericht für den Zeitraum vom 01.04.1948 bis zum 10.04.1948 zeigt: Die Zehn Spruchgruppen der Kammer hatten sich um 3.589 Fragebögen zu kümmern. Lediglich

2.684 Fälle waren in Verhandlung, 1.713 erledigt und davon 1.617 durch Urteil abgeschlossen (der Rest entfiel auf Amnestien, Einstellungen oder andere Erledigungsarten). Die Kammer hatte 14 Internierte in Klasse I (0,87%), 485 in Klasse II (29,99%), 879 in Klasse III (54,36%), 191 in Klasse IV (11,81%) und 48 in Klasse V (2,97%) eingestuft.[194]

Milde Urteile

Die verhängten Strafen waren moderat. Bis Dezember 1947 hatte die Kammer Arbeitslagerstrafen mit folgender Dauer verhängt: Bis sechs Monate in drei Fällen, bis ein Jahr in 14, bis zwei Jahre in 80 Fällen, bis drei Jahren in 91 Fällen, bis vier Jahre in 22, bis fünf Jahre in vier und bis zehn Jahre in drei Fällen. Die Geldbußen waren ebenfalls eher niedrig. Bis 500 RM in 364, bis 1.000 RM in 171, bis 2.000 RM in 122, bis 10.000 RM in 78, bis 25.000 RM in sieben Fällen und bis 50.000 RM in einem Fall. Bis November 1947 hatte die Kammer 312 Personen dauerhaft von der Ausübung eines öffentlichen Amtes ausgeschlossen, in 578 Fällen befristete Beschäftigungsverbote verhängt und in 524 Fällen Eigentumsbeschlagnahmungen ausgesprochen.[195]

Vernichtende Kritik

Die Militärregierung, die deutsche Politik und die Internierten waren sich bei der negativen Bewertung der Arbeit der Lagerspruchkammern einig.

Die Amerikaner überwachten die Entnazifizierung und die Spruchkammertätigkeiten im Lager intensiv, wohl weil das Camp Moosburg als erstes in deutsche Verwaltung übertragen worden war. Zu diesem Zweck führten Kommissionen der Militärregierungen für Bayern und Deutschland 1946 und 1947 in kurzen Abständen Inspektionen durch. Im Ergebnis stellten sie der Spruchkammer in Moosburg ein vernichtendes Zeugnis aus. Dies begann mit einer völlig mangelhaften personellen und räumlichen Ausstattung. Ebenso fehlte es an Büromaterial. Hinzu kam, dass ganz offensichtlich auch das leitende Personal keinerlei Interesse daran hatte, die Entnazifizierung zügig und effizient durchzuführen. Die öffentlichen Kläger und der Leiter der Spruchkammer waren zwangsverpflichtet, Büropersonal arbeitete nur bei der Kammer, weil es keine anderen, besser bezahlten Arbeitsplätze gefunden hatte. Eine Analyse der Urteile ergab, dass die Spruchkammern äußerst milde vorgingen und teilweise händeringend nach Entlastungsgründen suchten. Die Kammern verhängten sehr geringe Strafen, die in der Regel mit der Internierungszeit bereits abgegolten waren.[196]

Der US-Militärgeheimdienst MID äußerte sich ebenfalls sehr kritisch zur Art und Weise, wie die Entnazifizierung im Lager ablief. So schreibt ein MID Offizier im Security Report vom 12.12.1947, dass immer wieder der Eindruck entstehe, die Kleinen hängt man, die Großen lässt man laufen. Der Respekt der Internierten für das Entnazifizierungsprogramm schwinde nach und nach vollständig, obwohl die Internierten anerkennen, dass die Entnazifizierung an sich eine gute Idee sei.[197]

Im April 1947 urteilte der Vizepräsident des Bayerischen Landtags, die Spruchkammerorganisation im Lager habe völlig versagt.[198]

Die Internierten waren mit der Arbeit der Spruchkammern ebenfalls unzufrieden, sowohl, was deren Tempo, als auch was das Ergebnis von deren Arbeit anbelangt: „Es wird viel geschrieben und gesprochen – aber nichts Positives geleistet. Die Spruchkammern arbeiten langsam, so langsam und fällen Urteile, die mit konsequenter Rechtsprechung nichts zu tun haben."[199] Die Ermittler hatten bei den Internierten keinen guten Ruf. Sie seien die Helfershelfer der Denunzianten, würden sich mit Klatsch und Tratsch beschäftigen und sich von den Internierten gegenseitig ausspielen lassen.[200] Anfang 1948 beklagten die Internierten,

viele „große Nazis" mit guten Verbindungen hätten die Lager verlassen können, „kleinere Nazis" ohne diese Möglichkeiten seien weiterhin interniert.[201]

Politische Bildung

Bis Anfang 1948 hatten die Amerikaner der politischen Bildung der Internierten keine große Bedeutung beigemessen. Vorschläge deutscher, mit der Entnazifizierung betrauter Politiker waren nicht angenommen worden. Eine Aufklärung über das Dritte Reich und die begangenen Verbrechen fand zunächst nicht statt. Die Amerikaner führten auch kaum politische Bildung durch, was die Internierten überraschte und enttäuschte. Sie hatten nämlich eine „Umerziehung" erwartet und darin auch den Sinn der Lager gesehen. Aus der Schilderung eines Internierten über seine Zeit in Moosburg ist eine gewisse Enttäuschung darüber ableitbar, dass es während der Zeit der amerikanischen Verwaltung eben nicht zu einer politischen Aufklärung gekommen war.[202]

Zwar stieß die Berichterstattung über die Nürnberger Prozesse auf großes Interesse, dieses wurde jedoch nicht weiter genutzt. Ob tatsächlich bei vielen Internierten die Bereitschaft zum Bruch mit dem bisherigen System weit verbreitet war, darf aber angesichts der Einstellung der meisten Lagerinsassen zum Nationalsozialismus (s.u.) bezweifelt werden. Im August 1946 wurde vorgeschlagen, dass man den Internierten das Funktionieren des demokratischen Staates und seine Zweckdienlichkeit für alle Staatsbürger besser erklären sollte.[203] In geringem Umfang wurde eine Aufklärung über die nationalsozialistischen Verbrechen von Internierten selbst vorgenommen. Teilweise entwickelten sich die Internierungslager aber sogar zu Renazifizierungslagern, in denen Eingefleischte und Überzeugte weiterhin Propaganda im Sinne des Nationalsozialismus betrieben. Allerdings fielen solche Bemühungen bei vielen Internierten nicht auf fruchtbaren Boden.[204]

Die Situation änderte sich mit der Übernahme der Lager in deutsche Verwaltung. Jetzt wurde die Abteilung VI des Ministeriums für politische Befreiung (Sonderministerium) für die Internierungs- und Arbeitslager zuständig. Diese Abteilung setzte teilweise neue Akzente: Sie propagierte das Ziel der „Umerziehung der Eingewiesenen im demokratischen Geist".[205]

Nun wurde die politische Bildung der Internierten im Lager Moosburg von der deutschen Lagerverwaltung übernommen. Im Herbst 1947 hatte sie ein entsprechendes kulturelles und politisches Programm gestaltet. Es war geplant, politische Redner verschiedener Parteien ins Lager zu holen. Manche Internierte lehnten dies ab. Sie verwiesen auf die angebliche Bestechlichkeit der aktuell herrschenden Klasse in Deutschland und die Parteipolitik, die schon einmal in Deutschland existiert und damit den Boden für den Nationalsozialismus bereitet hätte. Je länger daher die Internierten in Haft saßen, desto mehr verstärkte sich bei ihnen der Eindruck, die Amerikaner seien schuld an ihrem Schicksal, sie hätten schließlich die Internierungslager eingerichtet, im Nationalsozialismus habe man wenigstens in Freiheit gelebt.[206]

Als die Amerikaner Anfang 1948 die politische Bildung doch noch zu ihrem Thema machten, war es aufgrund der vielen Entlassungen bereits zu spät.[207]

Eine besondere Form der Konfrontation mit den Verbrechen des Nationalsozialismus stellte die Verpflichtung eines Internierten-Kommandos dar, ermordete KZ-Häftlinge zu bestatten: Im August 1945 hatte man an der Reichsstraße (ehemalige B 11) Richtung Landshut am Stauweiher die Leichen von fünf KZ-Häftlingen gefunden, die Teil eines Zuges von KZ-Häftlingen waren und mutmaßlich wegen Entkräftung am Wegesrand von den Wachmannschaften erschossen worden waren. Die Pflicht, diesen Personen eine würdige Ruhestätte auf dem Kriegsgefangenen-Friedhof in Thonstetten zu verschaffen, wurde einer Gruppe von Internierten auferlegt.[208]

9. Einstellung zum Nationalsozialismus, Stimmung und Gruppenbildung

Aus den Schilderungen verschiedener Internierter kann man auf die Einstellung der Lagerinsassen zum Nationalsozialismus schließen. Auch wenn aus diesen Quellen kein umfassendes Bild entsteht, können doch gewisse Tendenzen nachvollzogen werden, ebenso die Stimmung unter den Internierten.

Einstellung zum Nationalsozialismus

Manche Internierte hingen immer noch dem Nationalsozialismus an. Dieser sei eine gute Idee, ein Ideal gewesen. Nur dessen Führer hätten, so ein Internierter, mit der Judenverfolgung und dem Krieg gegen die Sowjetunion zwei große strategische Fehler begangen. Den Holocaust als solchen lehnt er nicht ab, Mitgefühl mit den Opfern äußert er nicht. Die Funktionäre des Nationalsozialismus seien auch sonst intellektuell und moralisch ihrer Aufgabe nicht gewachsen gewesen und hätten so eine an sich gute Idee verraten. Die nationalsozialistischen Verbrechen gesteht er in gewissem Umfang ein, schreibt sie aber den aus seiner Sicht vereinzelten kriminellen Elementen in der nationalsozialistischen Führung zu. Die breite Masse des Volkes habe davon nichts gewusst.[209]

Keine Auseinandersetzung mit der Vergangenheit

Generell scheinen sich die Internierten kaum mit der eigenen Vergangenheit auseinandergesetzt zu haben. Insbesondere waren sie kaum bereit, Schuld und Verstrickung in das NS-Regime zuzugeben. Viele Internierte verwiesen bei der Frage nach Verantwortung auf Befehle ihrer Vorgesetzten. Für sie waren nur die in Nürnberg Angeklagten verantwortlich. Die meisten Internierten empfanden sich als unschuldige Opfer einer ungerechten Besatzungspolitik der Sieger, nicht als Täter der NS-Unrechtsherrschaft. Sie redeten sich ein, keine andere Wahl gehabt zu haben.[210]

Die Erörterung der Schuldfrage ließ im Lager die Emotionen hochkochen. Die Bereitschaft, sich mit der Frage individueller Schuld oder der Schuld einzelner Gruppen auseinanderzusetzen oder eine Mitverantwortung anzuerkennen, war kaum vorhanden. So schreibt ein Mitglied der evangelischen Lagergemeinde, dass bei der Behandlung dieser Frage in erschreckender Weise die Verhärtung und Oberflächlichkeit der Menschen zu Tage getreten sei. Internierte, die aufgrund ihrer Stellung in der Partei mitverantwortlich oder zumindest Mitwisser vieler Vorgänge gewesen waren, „die jetzt vertuscht wurden", betrachteten sich als Opfer einer Führung, die, vom reinsten Willen beseelt, durch Sabotage, Verrat und Untreue sowie die Unfähigkeit einzelner geschwächt worden sei. Die Auseinandersetzung mit der Vergangenheit ging vielmehr häufig in die Richtung, dass erörtert wurde, wie es zum Zusammenbruch kommen konnte. So sei besonders unter den jüngeren SS-Leuten eine zweite „Dolchstoßlegende" gegen die siegende Front weit verbreitet gewesen. Das Attentat vom 20. Juli wurde für die Niederlage im Krieg verantwortlich gemacht. Ein von langer Hand geplanter Verrat der Generäle, des Generalstabs und von Reaktionären habe zur Niederlage im Krieg geführt. Einige waren der Meinung, man sei nicht entschieden genug gegen die Gegner des Dritten Reiches vorgegangen, sonst hätte man den Krieg noch gewinnen können.[211]

Kaum Bereitschaft, Verantwortung zu übernehmen

Wehrmachtsangehörige und höhere Beamte verstanden sich untereinander meist gut und blickten mit einer gewissen Verachtung auf die Masse der kleineren Funktionäre des NS-Regimes, vor allem wenn sie aus den unteren Schichten stammten. Sie zogen sich auf die Position zurück, selbst keine Verbrechen begangen und von solchen Taten wie auch von der Vernichtung der Juden nichts gewusst zu haben. Man habe nur seine Pflicht getan und in bestem Glauben für Volk und Vaterland gewirkt. Soweit sie vom Nationalsozialismus überzeugt gewesen waren, fühlten sie sich von seinen führenden Repräsentanten getäuscht. Die Fragen, ob sie eine zumindest moralische Mitverantwortung trugen oder durch das eigene Verhalten vor der Machtergreifung den Nationalsozialismus gestärkt hatten, stellten sich diese Internierten nicht.[212] Manche Lagerinsassen waren auch der Ansicht, die NSDAP sei eine Arbeiterpartei gewesen. Deren stärkste Aktivisten seien nicht die Angehörigen der Intelligenz (die sich damit also zu Unrecht im Lager befanden), sondern Angehörige der Arbeiterklasse gewesen. Allgemein grenzten sich die Internierten scharf von denjenigen ab, die im Verdacht standen, Kriegsverbrechen oder Verbrechen gegen die Menschlichkeit begangen zu haben.[213]

Selbstkritik nur im Einzelfall

Eine Auseinandersetzung mit dem Nationalsozialismus fand nur vereinzelt und in Ansätzen statt. Ein Internierter gesteht zunächst zu, dass manches doch anders aussehe, als man es ihnen gesagt habe, „und wie Schuppen fällt es uns von den Augen, auch wenn wir Näheres über die Vorgänge in den deutschen Konzentrationslagern hören, von denen bisher entweder gar nichts oder nur gerüchteweise etwas verlautet war." Er fährt aber dann im Hinblick auf die eigene Situation fort: „Mit Empörung und Bitterkeit empfinden wir die unwürdige, allenfalls Verbrechern zukommende Behandlung".[214]

Ein anderer Internierter stellt fest: „Wir hatten genügend Einblick in die Gräueltaten der Nazis bekommen, obwohl Goebbels in den erreichbaren Zeitungen eigentlich nie etwas darüber verlauten ließ, sodass wir uns das Ausmaß des Zorns der Siegermächte vorstellen konnten und in jedem Sinne als nicht unberechtigt empfinden mussten, obwohl wir besonders unter den Folgen zu leiden hatten."[215]

Wie wenig zumindest einige der Internierten die Verbrechen der Nationalsozialisten erfassen konnten, zeigt eine Aussage des katholischen Lagergeistlichen Pater Mayerhofer in einer Predigt vom 08.06.1947: „Wenn die Gaskammern von Auschwitz noch in Betrieb wären, so würden wohl Millionen geängstigter Menschen heute dorthin pilgern wie zu einem Wallfahrtsort, um dort einen raschen und schmerzlosen Tod zu finden, anstatt mit unschuldigen Kindern Tag für Tag dem Hunger ins Auge schauen zu müssen und dem Würgegriff der Befreier entrinnen zu können."[216]

Stimmung

Wichtige Quellen für die Stimmung unter den Internierten sind neben den Schilderungen von Internierten die Berichte der US-Militärgeheimdienste CIC und MID. Die Stimmung in den Lagern war meist gedrückt.

Schon die Amerikaner stellten fest, dass viele Internierte verbittert waren, weil sie die Überzeugung hatten, sie seien als politische Gefangene zu Unrecht verhaftet worden, während gleichzeitig andere, tatsächlich oder vermeintlich viel stärker Belastete, frei, in angesehener Stellung und im Besitz ihres Vermögens blieben.[217]

Als die Ernährung reichhaltiger und das Verhalten der Wachmannschaften lockerer wurden, die Internierten ab Ende Februar 1946 auch Briefe nach Hause schreiben und erhalten durften und sich tagsüber im Lager frei bewegen konnten, verbesserte sich die Stimmung. Ende Februar gestattete der Lagerkommandant, dass die Künstler sich

Abb. 41: Entlassung (Doerfler H. (Hg.), Freiheit).

Noten, Instrumente, Farben und Ähnliches schicken lassen konnten. Zudem kamen nun ab und zu Zeitungen ins Lager. Die Internierten erfuhren so etwas über die Welt außerhalb.[218] In der Folgezeit sank die Stimmung unter den Internierten jedoch wieder. Nicht zuletzt empfanden viele Internierte die Entlassungspraxis und die Amnestieregelungen als ungerecht. Sie waren der Ansicht, dass weit stärker Belastete als sie selbst bereits entlassen worden waren, während sie noch im Lager verbleiben mussten. Man brauche außerdem nur die richtigen Verbindungen, um entlassen zu werden.[219]

Fehlende Perspektive

Ein besonderes Problem war die Ungewissheit. Die Lagerinsassen wurden oft monatelang nicht verhört, niemand teilte ihnen mit, ob und wann die Internierung enden, noch wann und ob überhaupt Anklage erhoben werden würde oder was man ihnen vorwarf. Ihr weiteres Schicksal war ebenfalls offen: Würden sie hingerichtet oder an andere Länder wie die Sowjetunion ausgeliefert oder dauerhaft interniert werden? [220]

Auch die Einführung der Spruchkammern besserte die Stimmung nicht nachhaltig, da trotz Überprüfungsmöglichkeiten die Perspektive auf eine Entlassung vage blieb und die Spruchkammern nur langsam arbeiteten, sodass die Entnazifizierung auf der Stelle trat. Die Internierten verloren so im Laufe des Jahres 1947 das Vertrauen in die deutschen Behörden im Allgemeinen und in den Prozess der Entnazifizierung und die Rechtstaatlichkeit im Besonderen.[221]

Sorge um die Familie

Erschwerend kam hinzu, dass die Internierten anfangs keinen Kontakt zur Familie aufnehmen konnten und viele Lagerinsassen nichts über das Schicksal ihrer Angehörigen

Abb. 42: Die letzten Internierten warten auf Ihre Entlassung (Zeichnung Alfred Pfaffenberger; Heimatmuseum Moosburg).

wussten.[222] Mit der Möglichkeit, Briefe zu empfangen, erfuhren viele Internierte von den schwierigen wirtschaftlichen Verhältnissen ihrer Familien, denen sie vom Lager aus kaum Unterstützung leisten konnten. Einige Internierte erhielten jetzt die Mitteilung, dass Familienangehörige Flucht, Bombenkrieg oder das Kriegsende nicht überlebt hatten. Manche Lagerinsassen stellten sich auch die Frage, ob und wie nach den Jahren der Internierung ein Zusammenleben in der Familie wieder möglich sein würde. Tatsächlich wurde Internierten in einigen Fällen per Post die Scheidung mitgeteilt.[223]

Psychische Erkrankungen

Nicht zu unterschätzen war jedoch weiterhin das psychologische Moment. Das Eingesperrtsein auf engstem Raum, der monotone Lageralltag, Sorge um Angehörige, Angst vor Bestrafung und sozialem Abstieg und vor allem die Tatsache, dass die Dauer der Internierung weiterhin völlig ungewiss war, führten häufig zu Depressionen und psychosomatischen Erkrankungen. Vielen Internierten setzte nicht unerheblich zu, dass sie nun fast vollkommen fremden Entscheidungen ausgesetzt waren und selbst kaum etwas bestimmen und planen konnten. Nicht wenige waren nämlich vor dem Zusammenbruch Entscheidungsträger mit erheblichem Einfluss gewesen.[224]

So schrieb der Stadtpfarrer von Moosburg 1947: „Es gibt aber eine große Anzahl Internierter im Lager, die am Zusammenklappen sind."[225] Die Haftsituation führte, teilweise im Zusammenspiel mit schlechten Nachrichten wie dem Tod von Angehörigen, zu Selbstmorden oder angeblich dazu, dass Internierte wahnsinnig wurden. Andere Internierte flüchteten sich in Fantasien, so planten sie große Villen, die sie errichten wollten. Gleichzeitig drehten sich die Gedanken der Internierten ums Essen, wurden aufwändige Rezepte für opulente Speisen entwickelt und ausgetauscht und vom Schlaraffenland fabuliert. [226]

Gruppenbildung unter den Internierten

Nach außen, gegenüber den Amerikanern, stellten sich die Internierten als Einheit dar: Sie waren sich einig, von den Amerikanern ungerecht behandelt zu werden, und zwar umso stärker, je länger die Internierung dauerte.

Nach innen waren die Internierten aber kein monolithischer Block. So gab es auch im Lager Hierarchien. Angehörige von Gruppen wie der SS oder der SA mit ihrem ausgeprägten Kameradschaftsbewusstsein bildeten organisierte und untereinander loyale Gruppen, die die Lager dominierten. Es gab unter den Internierten Cliquenbildung, wobei die einzelnen Cliquen versuchten, unter anderem Posten in der Verwaltung des Lagers ihren jeweiligen Mitgliedern zuzuschanzen. In manchen Lagern gelang es ehemaligen KZ-Funktionshäftlingen, die Schlüsselstellen im Lager zu besetzen und zumindest zeitweise die Lager zu beherrschen. Teilweise kam es zu Auseinandersetzungen der unterschiedlichen Gruppen, so auch in Moosburg.[227]

Als einige Wochen Internierungszeit vergangen waren, brachen angesichts der Unterbringung auf engstem Raum und der schlechten Ernährungslage Spannungen, Dispute und Streitigkeiten unter den Internierten aus.[228] Der Paketempfang förderte das Entstehen einer Zwei-Klassen-Gesellschaft. Es gab diejenigen Internierten, vor allem Wehrmachtsangehörige, die schon seit Monaten keinen Kontakt mit ihren Familien mehr hatten, sodass ihre Angehörigen nicht wussten, wo sie sich befanden, mit der Folge, dass sie ihnen keine Pakete schicken konnten. Auf der anderen Seite gab es Internierte, besonders solche mit Beziehungen in die Landwirtschaft, die wöchentlich Pakete mit Speck, Wurst und Butter erhielten. Einige ließen sich große Mengen an Lebensmitteln schicken, zum Beispiel einen Sack mit 15 Broten. Manche dieser Besitzenden fingen an, mit den Lebensmitteln Handel zu treiben. Einige Paketempfänger nutzten bei Tauschgeschäften die Not ihrer Kameraden aus.[229]

Streitigkeiten und Diebstähle

Gleichzeitig förderte die schlechte Versorgungssituation Neid und Missgunst unter den Internierten. Man gönnte sich meist keinen Schöpfer Suppe mehr. Gerade in Hungersitua-

Abb. 43: Baracke mit Such- und Tauschanzeigen (Doerfler H. (Hg.), Freiheit).

tionen war die Solidarität der Lagerinsassen untereinander schnell aufgebraucht. Kameradschaft und Verbundenheit bröckelten.[230] So berichtet ein Internierter, wie sich zwei Barackeninsassen über Kartoffeln stritten und der eine mit einem Messer auf den anderen losging. Ein anderer Internierter erinnert sich, wie ein ehemaliger Dekan an einer Universität mit anderen Mitgefangenen in Streit über die Frage geriet, ob ein Brot richtig und gleichmäßig aufgeteilt worden sei. In einer Baracke kam es zu hitzigen Diskussionen, weil dem Barackenleiter und dem Beauftragten für die Lebensmittelverteilung Unkorrektheiten bei der Zuteilung von Brot und Zusatzportionen vorgeworfen worden waren.[231]

Im Laufe der Zeit ereigneten sich immer mehr Fälle von Kameradendiebstahl und Unterschlagungen, die Verbundenheit unter den Internierten nahm ab, so die Bereitschaft, sich bei Reparaturen zu helfen oder etwas zu

Abb. 44: Wichtige Geschäfte (Zeichnung Franz Schwirl; Beck F., Hungerturm).

Abb. 45: Nachschlag für Dozenten (Zeichnung Alfred Pfaffenberger; Beck F., Hungerturm).

verleihen.[232] Der internierte ehemalige Bürgermeister von Moosburg schreibt: „Erschütternd ist der immer fortschreitendere moralische Verfall der Männer, Organisieren, auf Deutsch Stehlen, nimmt immer mehr zu." Die Notzeit sei ein gutes Feld für den Nihilismus, mancher habe zum Glauben zurückgefunden, viele hätten jeden Glauben verloren.[233]

Außerdem kam es zu Denunziationen unter den Internierten. Internierte beschuldigten sich beim Lagerleiter gegenseitig, zum Beispiel wegen ungerechtfertigter Urlaubsantritte. Einige Lagerinsassen arbeiteten auch als Spitzel für amerikanische Dienststellen.[234]

Abgrenzungen und Machtkämpfe

Im Lager prallten Welten aufeinander, weil Internierte aus unterschiedlichen Schichten der Gesellschaft, unterschiedlichem Bildungsstand und Herkunft mit verschiedenen Berufen auf engstem Raum zusammentrafen. Ein internierter Richter am Kammergericht Berlin beklagte sich unter anderem über mangelnde Sauberkeit und Hygiene seiner Mitinternierten, ebenso über Lagerinsassen, die sich aus seiner Sicht den älteren Internierten gegenüber nicht angemessen benahmen: „Sie pflegen als bayerische Eigenart und Gutmütigkeit anzusehen, was wir als Taktlosigkeit und mangelnde Erziehung empfinden."[235]

Die Internierten zerfielen in unterschiedliche Fraktionen. Dabei fällt auf, dass sich die Offiziere deutlich von den Parteifunktionären abgrenzten. Es ging um Macht und Einfluss, um die Deutung des Nationalsozialismus und die dortige Rolle der verschiedenen Organisationen und Personen, um die politische Zukunft und die Position in der Zeit nach der Entlassung. Die unterschiedlichen Richtungen im Lager gingen sich mit persönlichen Angriffen und Diffamierungen an.[236] Auch die Lagerselbstverwaltung wurde attackiert. Unter dem Pseudonym „Holzauge sei wachsam" beschuldigten ein Internierter oder eine Gruppe von Internierten unter anderem den Vertrauensmann des Lagers des Fehlverhaltens, hinzu kamen zahlreiche weitere Vorwürfe und Angriffe.[237]

Interessant ist der Versuch, im Camp Individualität zu wahren: Viele Internierte ließen sich im Juli 1945 Bärte wachsen, die sie möglichst unterschiedlich frisierten.[238]

Solidarität

In anderen Fällen versuchten Lagerinsassen jedoch, sich gegenseitig zu unterstützen. So zeigten sich Internierte solidarisch und legten die ihnen zugeschickten Lebensmittel zusammen. Paketempfänger gaben denen, die keine Sendungen erhalten hatten, von ihren Vorräten ab oder luden Mitinternierte zum Essen ein. Dies geschah zum Beispiel an Weihnachten 1945, sodass in einer Baracke jeder Internierte einen Teller mit geröstetem Brot, einem Viertel Apfel, drei Plätzchen, einem Stück Kuchen, drei Kartoffeln und etwas Weißbrot zur Verfügung hatte.[239]

Die Lagerzeit führte auch zur Solidarisierung unter den Internierten, die über die Phase der Internierung hinaus anhielt. Verbindungen zwischen den „Leuten von früher" etablierten sich und erleichterten zum Beispiel die Durchführung von Geschäften. Im Verkehr mit Behörden konnte der Verweis auf „frühere Zeiten" manchmal ebenfalls hilfreich sein.[240]

10. Behandlung der Internierten

Am 08.06.1947 hielt der internierte katholische Lagerpfarrer Mayerhofer anlässlich des zweijährigen Bestehens des Lagers eine Predigt, in der er mit drastischen Worten das System der Internierungslager angriff: „Wir sind die Opfer des größten Rechtsbruches, den die Menschheitsgeschichte kennt. Wenn wir eine Schuld zu büßen hatten, so ist sie mit 24 Monaten demokratischen KZs getilgt."[241]

Die Frage, ob die Zustände in den Internierungslagern mit denen in den KZs der Nationalsozialisten vergleichbar waren oder ob die Internierten in den Lagern ein sehr bequemes Leben führten, wurde vor allem im Frühjahr 1947 heftig diskutiert. Das Präsidium des Bayerischen Landtags besuchte im April 1947 das Lager Moosburg. Zweck der

Reise war es, die Wahrheit über die Situation vor Ort herauszufinden, da es beispielsweise Gerüchte gab, dass es im Lager zu Zechgelagen komme. Anderen Gerüchten zufolge ging es den Internierten schlechter als seinerzeit den KZ-Insassen. Ein Landtagsvizepräsident zog nach der Reise folgendes Resümee: „Nun sage ich, der die Konzentrationslager kennengelernt hat: Moosburg ist kein Konzentrationslager, es ist bei Gott kein Konzentrationslager."[242]

Ein weiteres wichtiges Kriterium für die Bewertung der Situation in den Internierungslagern bietet ein Vergleich mit den Lebensbedingungen der deutschen Bevölkerung.

Auf die tatsächlichen Lebensverhältnisse der Lagerinsassen lassen sich anhand der Kriterien Ernährung, Zahl der Todesfälle und Behandlung der Internierten Rückschlüsse ziehen. Schließlich geben auch die Aussagen von Internierten wichtige Hinweise.

Ernährung und Unterbringung

In den ersten Monaten der Internierungslager war die Ernährung unzureichend. Dies war jedoch von den Amerikanern nicht beabsichtigt. Die US-Armee, die nicht mit einer solch großen Zahl an Internierten in so kurzer Zeit gerechnet hatte, war im Sommer und Frühherbst 1945 nicht in der Lage, ausreichend Nahrungsmittel für die Lagerinsassen zu beschaffen.

Als im August 1945 bei zahlreichen Internierten wegen der Mangelernährung gravierende Gesundheitsschäden auftraten, reagierten die Amerikaner auf diese Situation und steuerten gegen. Ein amerikanischer Arzt sei über diesen Zustand entsetzt gewesen und soll nach Angaben eines Internierten „erheblich Krach geschlagen" haben, woraufhin die Verpflegung besser wurde. Ab September 1945 gaben die Amerikaner Heeresrationen aus. Die Internierten wurden gewogen und die Leichtesten in die sogenannte Mastbaracke verlegt und besonders verpflegt. Die Qualität der Rationen war gut, sodass die dort Untergebrachten wieder zu Kräften kamen.[243]

Anfang 1946 legten die Amerikaner dann fest, dass die Lagerinsassen mindestens 1.700 Kalorien am Tag bekommen sollten, was erheblich über der Menge für die deutsche Bevölkerung lag. Die bessere Verpflegung wiederum führte zu heftigen Diskussionen in der deutschen Gesellschaft. Nach Übernahme der Camps in deutsche Verwaltung wollten die für die Lager zuständigen Befreiungsminister der US-Zone die Mindestrationen auf 1.400 Kalorien kürzen. Sie wiesen darauf hin, dass der Durchschnitt der Bevölkerung, aber auch die Lagerwachen lediglich 900 Kalorien am Tag erhielten. Die Amerikaner lehnte diese Pläne jedoch ab. Sie wollten eine Assoziation der Internierungslager mit den KZs der Nationalsozialisten unbedingt vermeiden.[244]

Die Unterbringung der Internierten war nach heutigen Maßstäben ebenfalls unzureichend. Die Baracken waren häufig baufällig und überbelegt, zugig und schlecht zu beheizen. Die sanitären Anlagen waren mangelhaft.

Situation der deutschen Zivilbevölkerung

Allgemein waren die Lebensbedingungen für die Bevölkerung in Deutschland, ebenso wie in weiten Teilen Europas, in der Nachkriegszeit schwierig. Das Kriegsende hatte zwar das Ende der Bombenangriffe und der unmittelbaren Kriegshandlungen gebracht, aber auch eine Verschlechterung der Ernährungslage, da die Nahrungsmittellieferungen aus den besetzten Gebieten nach Deutschland wegfielen. Dies zeigt sich deutlich an der Menge der Kalorien, die einer erwachsenen Person durchschnittlich zur Verfügung standen. Im Frühjahr 1945, also unmittelbar vor Kriegsende, erhielt ein Erwachsener 2.000 Kalorien/Tag. In

der Folgezeit ging die Kalorienmenge auf 1.000, in manchen Gegenden bis 900 Kalorien/Tag zurück. Im Sommer 1945 standen in der amerikanischen Zone nur 1.330 Kalorien/Tag zur Verfügung, in München 1946 sogar nur 920-985. Diese Mangelernährung hatte Folgen. So lag Mitte 1946 in der amerikanischen Zone das Durchschnittsgewicht männlicher Erwachsener bei 51 kg, Tendenz sinkend. Erst 1951 wurde wieder die Kalorienmenge von 1939 erreicht. Ohne amerikanische und britische Importe wäre es wahrscheinlich zu einer Hungerkatastrophe gekommen. Des Weiteren war die Versorgung mit Gegenständen des täglichen Bedarfs unzureichend.

Die durch die lange Mangelernährung geschwächten Menschen waren anfällig für Krankheiten. Diphtherie, Typhus und TBC traten streckenweise epidemisch auf. In der US-Zone hatten sich die Fallzahlen dieser Krankheiten im Vergleich zu vor dem Krieg verdreifacht. Hinzu kam eine extreme Wohnungsnot, vor allem in den von den alliierten Flächenbombardements betroffenen Großstädten. Rund 14 Millionen Haushalten standen nur acht Millionen Wohnungen gegenüber, von denen viele noch Kriegsschäden aufwiesen.[245]

In den Jahren direkt nach Kriegsende lebte in Deutschland daher eine sogenannte „Zusammenbruchsgesellschaft" am Rande des Kollapses, es herrschten psychische und physische Erschöpfung, eine Apathie des Hungers.[246]

Auf die Mangelsituation, insbesondere die Not der Flüchtlinge und Ausgebombten, wies im April 1947 der für die Lager zuständige Minister Loritz hin. In vielen Fällen seien die Internierten besser untergebracht als diese beiden Gruppen.[247]

Dieser Mangel lässt sich auch in Moosburg nachvollziehen. Berichte des katholischen Stadtpfarrers sprechen von Wohnungsnot und einem Defizit an Heizmaterial. Durch zahlreiche Einquartierungen kam es zu beengten Wohnverhältnissen. 1946 waren 40 Prozent der Kinder unterernährt, eine größere Anzahl von Kindern hatte keine Schuhe. Diese Situation veränderte sich 1947 nicht wesentlich.[248]

Vor dem Hintergrund dieses allgemeinen Mangels relativieren sich dann auch die Lebensbedingungen im Lager. Die Internierten waren im Wesentlichen nicht schlechter versorgt als die übrige Bevölkerung.

Todesfälle

Insgesamt kamen im Civilian Internment Camp/Zivilinternierungslager, das in der Spitze mit 12.000 Personen belegt war, einer Liste des Standesamts Moosburg zufolge 62 Personen ums Leben (27 Lagerinsassen im Jahr 1945, 28 im Jahr 1946 und sieben im Jahr 1947).

Nach dieser Liste wurden vier Gefangene erschossen. Sechs Internierte brachten sich um. Sieben Todesfälle lassen sich mit einer hohen Wahrscheinlichkeit auf mangelhafte Ernährung und Versorgung zurückführen, nämlich dann, wenn Tuberkulose, Darmkatarrh oder Blutarmut als Todesursache angegeben sind. Andere Todesfälle stehen mit der Situation im Lager nicht in unmittelbarem Zusammenhang, so der Tod infolge von Krebserkrankungen oder Hirnblutungen (zehn Fälle). In den übrigen Fällen ist aus der Liste nicht nachvollziehbar, ob die unzureichende Ernährung Krankheiten verschlimmert hatte und so zum Tod führte oder nicht. [249]

Der katholische Lagerpfarrer warf der Lagerleitung in seiner Predigt zum zweiten Jahrestag vor, dass man „Todeskandidaten" aus dem Lager entließ, um die Statistik der Todesfälle zu schönen. Ein solches Vorgehen war jedoch selten, entsprechende Verlegungen lassen sich nur in Einzelfällen nachvollziehen. Im Gegenteil, von verschiedener Seite wurde beklagt, dass schwer Kranke interniert blieben.[250]

In dieser Predigt spricht Mayerhofer davon, dass das Lager 1.000 Menschenleben gekostet habe.[251] Das bedeutet nicht, dass im Lager 1.000 Internierte starben, wie zum Teil irrtümlich angenommen wurde, sondern Mayerhofer meint den Verlust an Lebenszeit in Freiheit. Er berechnet dies aus der Gesamtzeit der Internierung aller Insassen bezogen auf die Lebenserwartung. So rechnet er zum Beispiel vor, dass ein Tag Internierung (bezogen auf alle Lagerinsassen) 20 Jahre Freiheitsberaubung bedeuteten.

Alleine die Zahlen zeigen, dass das Internierungslager nicht mit einem KZ verglichen werden kann. Im KZ Buchenwald starben zum Beispiel 56.000 von den 280.000 Insassen, also jeder fünfte.[252] Im Lager Moosburg starb dagegen nur jeder 200. Internierte.

Die Sterberate lag bei 4 von 1.000 im Jahr 1946, die der deutschen Zivilbevölkerung bei rund 16 von 1.000. Insgesamt gesehen war die Sterblichkeit in den westlichen Lagern vergleichbar mit den Sterberaten der Zivilbevölkerung, teilweise sogar niedriger wegen der zeitweise besseren Verpflegung.[253]

Schikanen

Verschiedene Internierte berichten in ihren Schilderungen der Internierungszeit von Schikanen durch die Wachmannschaften. Sie beschreiben, dass Internierte wegen kleinerer Vergehen gegen die Lagerordnung stundenlang strammstehen mussten oder ins Lagergefängnis kamen.

Als besonders ungerecht und schikanös empfanden die Internierten die zeitweise von den Amerikanern verhängten Kollektivstrafen. So wurde ein ganzer Block mit Nahrungsmittelentzug dafür bestraft, dass einige Insassen verbotenerweise versucht hatten, Bretter aus einer leerstehenden Baracke zu holen.[254]

Abb. 46: Haltung annehmen vor den amerikanischen Soldaten (Zeichnung Max Bergmann; Archiv Karl A. Bauer).

unerhörte Schikane, dass sie einfache amerikanische Soldaten zu grüßen hatten oder herangezogen wurden, deren Quartiere zu reinigen und dabei Anweisungen von jungen GIs entgegennehmen mussten. Immer wieder schwingt bei Darstellungen dieser Internierten das Gefühl der Überlegenheit mit, werden amerikanische Wachmannschaften gerade in ihrer Eigenschaft als Soldaten herabgesetzt. Dabei spielte die Tatsache mit, dass diese Offiziere schwer daran zu tragen hatten, dass die aus ihrer Sicht unmilitärische, locker-legere US-Army gegen die martialische, disziplinierte Wehrmacht den Krieg gewonnen hatte. Von diesem „Haufen" besiegt worden zu sein, empfanden sie wohl als eine besondere Demütigung.[256]

Außerdem gab es immer wieder Klagen von Internierten, dass die Wachen bei Durchsuchungen und Paketkontrollen Wertgegenstände und Nahrungsmittel entwendeten.

Die Verhöre durch den Militärgeheimdienst CIC waren ebenfalls oft wenig sachlich, kaum zielführend und mit Beschimpfungen verbunden, manchmal sogar mit Misshandlungen in Form von Schlägen, unter anderem mit Gewehrkolben, Tritten und Ohrfeigen.[255]

Allerdings ist auch zwischen unangemessenem Verhalten der Amerikaner und verletzten Eitelkeiten der Internierten zu unterscheiden. Vor allem Offiziere empfanden es als

Aber auch das Verhalten der deutschen Funktionsträger im Lager war teilweise schikanös. Seit September 1945 kam jeden Tag ein Vertreter der deutschen Lagerselbstverwaltung in die Baracken. Die Gefangenen mussten dann antreten, kehrt machen und marschieren.[257]

Misshandlungen

Vor allem in den ersten Monaten kam es aber durchaus zu massiven Misshandlungen von Internierten. Bis Anfang September 1945 hatten sich nach Angaben eines Internierten 82 Fälle schwerer Misshandlungen ereignet. Der Internierte vermutet eine gewisse Dunkelziffer, da sich nicht alle Betroffenen gemeldet hätten. Die Misshandlungen kamen im Sommer 1945 wohl vor allem in dem unter amerikanischer Leitung stehenden Lagergefängnis vor. Nach Angaben eines Internierten mussten dort Eingelieferte „Spießrutenlaufen", also durch eine Reihe von etwa 15 Wachen gehen, die sie dabei mit Gewehrkolben und Pistolen schlugen. Durch diese Übergriffe kam es teilweise zu schweren Verletzungen wie Kiefer- und Nasenbrüchen, ein Internierter soll an einer Gehirnverletzung gestorben sein. Die Wachen seien Polen und ehemalige deutsche KZ-Insassen gewesen. Einige dieser ehemaligen KZ-Kapos wurden später wegen Morden, die sie im KZ begangen hatten, hingerichtet. Auch in der Arrestbaracke wurden Internierte ausgeplündert und zusammengeschlagen und zwar von anderen Internierten nach Anleitung durch den deutschen Vorsteher der Arrestbaracke.[258]

Misshandlungen durch die Wachen scheinen jedoch die Ausnahme gewesen zu sein. Pfarrer Rott schreibt von seiner Zeit im Lager (22.06.1945 bis 01.06.1946), bei der er als Seelsorger Kontakte zu zahlreichen Internierten hatte: „Im Ganzen jedoch war das Verhalten der Wachmannschaft korrekt".[259]

Eingreifen der US-Militärjustiz

Zumindest am Anfang haben die Amerikaner nach Angaben eines Internierten diese Zustände geduldet und sich an den Misshandlungen in manchen Fällen sogar beteiligt. Bald griffen sie jedoch durch. Sie lösten die ehemaligen KZ-Kapos ab und führten Kriegsgerichtsverfahren gegen sie durch. In diesem Zusammenhang ist auch ein Vorfall zu sehen, bei dem ein in amerikanischen Diensten stehender polnischer Wachposten eine junge Internierte ohne Grund angeschossen hatte. Amerikanische Soldaten schlugen den Schützen zusammen und führten ihn ab. Die

amerikanische Lagerleitung kümmerte sich um die junge Frau und versorgte sie mit den notwendigen Medikamenten. Diese Vorfälle zeigen, dass Misshandlungen das Versagen Einzelner waren, jedoch kein geplantes Vorgehen oder offizielle Politik und dass solche Vorkommnisse von den Vorgesetzen gerade nicht geduldet oder gar angeordnet wurden.[260]

Entscheidender Einfluss der Lagerleitung

Generell kam es bei der Behandlung sehr stark auf den jeweiligen Lagerleiter an. Einige Internierte differenzieren deutlich zwischen den unterschiedlichen amerikanischen Lagerkommandanten und den verschiedenen deutschen Lagerleitern, die jeweils in schneller Folge wechselten. Sie stellen klar, dass die Behandlung im Alltag, insbesondere die Gewährung kleiner Freiheiten, stark von der Einstellung des jeweiligen Leitungspersonals abhing. Der erste US-Kommandant des Moosburger Lagers erklärte den Internierten angeblich, dass er sie weder als Kriegsgefangene noch als Zivilinternierte betrachte, sondern als Kriegsverbrecher, die keinerlei irgendwie geartete Rechte geltend zu machen oder Ansprüche zu erheben hätten. Er verlange strengste Disziplin. Auf Klagen oder Beschwerden habe der Kommandant geantwortet, Dachau sei schlimmer gewesen. Angeblich habe der Lagerleiter damit gedroht, bei Ausschreitungen jeden zehnten Mann erschießen zu lassen. Sein Nachfolger dagegen ging zum Beispiel streng gegen Misshandlungen und Schikanen vor.[261]

Während der Zeit der deutschen Verwaltung war die Situation im Lager insoweit deutlich reglementierter, als die Behandlung der Internierten in einer Dienst- und Vollzugsordnung des bayerischen Sonderministeriums vorgegeben war. Diese enthielt auf rund 125 Seiten zahlreiche Anweisungen, insbesondere Mindeststandards zum Umgang mit den Internierten und zur Wahrung ihrer Rechte, nicht zuletzt zu zulässigen Zwangsmaßnahmen und Sanktionsmöglichkeiten. So durften Internierte nicht beschimpft oder misshandelt werden und waren mit „Sie" anzusprechen. Körperliche Züchtigungen waren in jedem Fall verboten.[262] Tatsächlich kamen in der Zeit der deutschen Verwaltung Misshandlungen nicht mehr vor.[263] Einige deutsche Lagerleiter gewährten den Internierten große Freiheiten. So berichtet ein Lagerinsasse, er habe das Lager zu privaten Zwecken verlassen und sogar außerhalb des Lagers übernachten dürfen.[264]

Es gab also keine allgemeinen Vorgaben, weder von deutscher noch von amerikanischer Seite, wonach die Internierten besonders schlecht zu behandeln waren.

Meinung der Internierten

Ein Internierter, der die Situation in den Lagern als drastisch und die Internierung als heftiges Unrecht darstellt, schreibt in seinen Erinnerungen: „Auch in den nationalsozialistischen Konzentrationslagern sind völlig unschuldige Menschen jahrelang eingesperrt gewesen, haben dort auch wohl oft unvergleichlich schwerer gelitten als wir [...]".[265]

Die Situation im Mai 1946 beschreibt er folgendermaßen: „So böse und dunkel das Jahr 1945 hinter dem Stacheldraht auch war: die heutigen Verhältnisse in unserem Lager mit dem zu vergleichen, was allgemein unter einem KZ verstanden wird, ist böswillige Verfälschung der Wahrheit."[266]

Der Landtagsvizepräsident verwies in einer Landtagssitzung im April 1947 darauf, dass einem KZ-Insassen nicht nur wie einem Internierten die Freiheit genommen wurde, sondern dass über ihm permanent die Gefahr des Todes schwebte, er morgens nicht wusste, ob er abends noch leben würde.[267]

Ein Internierter äußert sich im Dezember 1945 sogar durchaus versöhnlich über seine Zeit der Internierung: „Blicke ich heute auf das vergangene Jahr, insbesondere dessen letzte Hälfte, zurück, so glaube ich, zufrieden sein zu können. Der Lageraufenthalt hat mich reicher gemacht an Lebenserfahrungen und auch in manch anderer Hinsicht einen Gewinn bedeutet, vielleicht sogar eine gewisse innerliche Wandlung zur Folge gehabt. Ich habe die Zeit nicht nutzlos verbracht."[268]

Erklärung für die Thesen des katholischen Lagerpfarrers

Die Thesen des katholischen Lagerpfarrers Mayerhofer sind vor dem Hintergrund ihrer Entstehung zu sehen. Katholische und evangelische Geistliche versuchten, unter den Internierten Anhänger zu finden. Mayerhofer war dabei zunächst in der Defensive. Der protestantische Priester Rott hatte es verstanden, den Nerv der Internierten zu treffen, er predigte zum Beispiel mehrmals am Sonntag jeweils vor mehreren hundert Menschen.[269]

Der Zulauf zu den katholischen Geistlichen war dagegen zunächst sehr gering. Dies änderte sich erst, als der katholische Lagerpfarrer begann, mit scharfer Kritik und markigen Worten die Amerikaner anzugreifen. Dies imponierte den Internierten, er bekam mehr Anhänger.[270]

Fazit

Trotz zahlreicher Ungerechtigkeiten bei der Durchführung des automatic arrest, trotz schlechter Lebensbedingungen in den Lagern und trotz Schikanen und inakzeptabler Misshandlungen sind die internment camps mit den Konzentrationslagern der Nationalsozialisten nicht zu vergleichen. Ziel der Amerikaner war das Festhalten potentieller Nationalsozialisten, nicht das systematische Quälen und Vernichten eines Gegners. Gerade die Misshandlungen waren das Werk Einzelner, kein generelles Vorgehen und wurden von den Vorgesetzten meist nicht geduldet. Auch die Todesraten in den Lagern unterscheiden sich deutlich.

Bei der Behandlung und Versorgung der Internierten ist zudem zu berücksichtigen, dass gerade in den ersten Monaten des Bestehens der Civilian Internment Camps die US-Truppen und die amerikanische Öffentlichkeit unter dem Eindruck der schrecklichen Situation in den befreiten Konzentrationslagern standen.

Insgesamt lässt sich die Internierung mit der Kriegsgefangenschaft nach dem Zweiten Weltkrieg vergleichen. Sie war aber durchschnittlich weniger entbehrungsreich und meist kürzer als in sowjetischen oder französischen Kriegsgefangenenlagern. Im Vergleich zum Schicksal vieler NS-Opfer, der Kriegsopfer und zu den Lebensverhältnissen der Deutschen in der Zusammenbruchsgesellschaft nach dem Zweiten Weltkrieg war die Internierung in den amerikanischen Lagern noch verhältnismäßig erträglich.[271]

11. Wer war interniert?

Im April 1947 stellte ein Abgeordneter des Bayerischen Landtags fest, „dass in den Internierungslagern viele Leute sitzen, die nicht hineingehören, während manche draußen herumlaufen, die schon längst interniert sein müssten".[272] Wer im Lager Moosburg interniert war, wird anhand verschiedener Kriterien deutlich. Unter anderem sind dies die Gründe für die Internierung, die berufliche und soziale Stellung der Lagerinsassen sowie ihr Rang. In Moosburg waren auch prominente Vertreter des nationalsozialistischen Deutschlands interniert.

Gründe für die Internierung

Aus der amerikanischen Zeit des Lagers (bis Oktober 1946) sind nur wenige Details zu den Gründen für die Internierung der Insassen bekannt. Im Dezember 1945 war das Lager mit 9.700 Internierten im Alter von 16-80 Jahren belegt, von denen rund 9.000 im Zuge des automatic arrest aufgrund ihrer Funktionen im nationalsozialistischen Deutschland festgenommen worden waren (138 waren mutmaßliche Kriegsverbrecher, 524 galten als Gefahr für die Sicherheit der Besatzungsarmee und 23 Gefangene standen auf einer „Schwarzen Liste", wurden also aus nicht näher bekannten Gründen interniert).[273] Im Verbrecherblock befanden sich zeitweise 1.000 Internierte, denen man Verbrechen gegen die Menschlichkeit oder Kriegsverbrechen vorwarf. Es handelte sich unter anderem um Betriebsführer, Polizisten oder Volkssturmmänner. Die Amerikaner verlegten die mutmaßlichen Verbrecher schnell ins Lager Dachau. Sie führten dort zwischen 1945 und 1948 eine größere Zahl von Prozessen wegen Verbrechen gegen die Menschlichkeit und Kriegsverbrechen gegen Funktionsträger des Lagerkomplexes Dachau und anderer Konzentrationslager durch. Dabei verhängten sie zahlreiche Todesurteile und langjährige Haftstrafen.[274]

Aus der Phase der deutschen Verwaltung des Lagers sind detaillierte Aufstellungen vorhanden. Im Dezember 1946 befanden sich 6.787 Internierte im Lager, darunter 2.822 SS-Angehörige, 2.952 politische Leiter, 560 SA-Angehörige und 253 Gestapo-Beamte. Neun Lagerinsassen waren im Rahmen der Entnazifizierung rechtskräftig zu Arbeitslagerstrafen verurteilt worden.[275]

Im Dezember 1947 waren von 1.122 Lagerinsassen 515 SS-Angehörige, elf SD-Mitglieder, 410 politische Leiter, 34 Gestapo-Beamte und elf Angehörige anderer Organisationen.[276]

Am 20.02.1948 waren 328 SS-Mitglieder im Lager, 35 hatten dem SD angehört, 13 der SA, 51 der Gestapo, 360 galten als politische Leiter und 14 waren aus anderen Gründen im Zuge des automatic arrest verhaftet worden.[277]

Wie schwer die Einordnung vieler Internierter in bestimmte Kategorien ist, zeigen Fälle wie der eines Arztes, der 1933 in die SS eingetreten und 1943 von der Waffen-SS eingezogen worden war. Bereits 1943 fiel er wegen regimekritischer Äußerungen auf und wurde in Untersuchungshaft genommen. 1944 wurde er wegen Zersetzung der Wehrkraft zu zehn Jahren Zuchthaus verurteilt, aus Partei und SS ausgestoßen und für fünf Jahre in das Straflager von Polizei und SS im KZ Dachau eingewiesen. Da er als Arzt den Rang eines Untersturmführers der SS erhalten hatte, befand er sich im Internierungslager. Im Rahmen der Entnazifizierung stufte ihn die Spruchkammer als „entlastet" ein. Dies scheint kein Einzelfall gewesen zu sein. Im Lager befanden sich nach Feststellungen des Bayerischen Landtags im April 1947 angeblich rund 100 ehemalige SS-Angehörige, die noch während des Krieges aus der SS ausgetreten waren.[278] Nach Angaben der Lagerbürgermeisterei seien 111 Internierte sogar selbst aus politischen Gründen verfolgt worden, 68 davon seien im KZ oder bei der Gestapo inhaftiert gewesen.[279] Eine besondere Gruppe stellten ehemalige KZ-Häftlinge dar. Manche von ihnen hatten als Kapos ihre Mithäftlinge in Konzentrationslagern misshandelt. Von den Amerikanern wurden sie als Kriegsverbrecher betrachtet, in den Internierungslagern festgehalten und teilweise nach Militärgerichtsprozessen hingerichtet.[280]

Berufsgruppen und Einkommensverhältnisse

Neben hauptberuflichen Funktionären von NSDAP, SS, SA und anderen Organisationen des nationalsozialistischen Deutschlands wurden im Internierungslager Angehörige verschiedener Berufsgruppen festgehalten.

1945/46 befanden sich im Camp zahlreiche Lehrer, Universitätsprofessoren, Verwaltungsbeamte und Ingenieure, darunter ranghohe Funktionsträger wie Gesandte, ein Handelskammerpräsident, ein Oberfinanzpräsident, ein Vizepräsident der Akademie für deutsches Recht, ein Staatssekretär, Ministerialdirigenten, ein Ministerialdirektor aus dem Reichsluftfahrtministerium, hohe Richter und ein ehemaliger Aachener Oberbürgermeister. Im Dezember 1945 war auch ein ehemaliger Intendant des Großdeutschen Rundfunks im Lager. Schon seit Sommer 1945 gehörten zahlreiche Militärs zu den Internierten. Im August 1945 befanden sich zum Beispiel in einer Baracke 24 deutsche Generäle, darunter der letzte Kommandeur der Kriegsakademie. Hinzu kamen Generalstabsoffiziere und zahlreiche weitere Wehrmachtsoffiziere.

Im Camp gab es einen hohen Akademikeranteil. So berichtet ein Internierter, in seiner Baracke habe der Anteil der Hochschulabsolventen bei 75% gelegen. Unter den Internierten waren zeitweise 170 Juristen, 200 Ärzte und 600 Lehrer. Diese Personen waren meist wegen ihrer beruflichen Tätigkeit verhaftet worden.[281] Auch der ehemalige Bürgermeister Dr. Hermann Müller (1891-1973) war im Lager interniert. Er hatte von 1923 bis 1945 die Moosburger Ortsgruppe der NSDAP geleitet und war in SA und SS aktiv gewesen. Von 1933 bis 1945 hatte er das Amt des Moosburger Bürgermeisters ausgeübt. Nach seiner Verhaftung im Zuge der Besetzung der Stadt durch die Amerikaner am 29.04.1945 wurde er zuerst im Lager Regensburg festgehalten und am 12.06.1945 in das Lager Moosburg eingeliefert. In einem Brief vom 06.02.1948 an den Moosburger Stadtpfarrer beklagte er sich über die Internierung, die er für nicht gerechtfertigt hielt.[282]

Im März 1947 waren 1,3% der Internierten ungelernte Arbeiter, 22,3% Handwerker, 13,2% Bauern, 16,9% kaufmännische und technische Angestellte, 30,3% Staats- und Kommunalbeamte und 15,6% Angehörige der freien Berufe.[283]

Die soziale Schichtung der Lagerinsassen ist ebenfalls interessant: Anfang 1947 hatten von den Internierten 79% unter 500 Reichsmark im Monat verdient (46,9% sogar unter 300 RM), nur 1,3% den sehr hohen Monatsverdienst von über 2000 Reichsmark. Im Lager waren damit nicht die sozialen Eliten interniert.[284]

Ränge im NS-System

Für die SS-Angehörigen im Lager Moosburg kann man für den Frühherbst 1946 auch das Ranggefüge nachzeichnen: 58,4% hatten einen Dienstgrad bis Oberscharführer (Feldwebel), 37,2% einen Rang bis Hauptsturmführer (Hauptmann), 4,3% bis Standartenführer (Oberst) und 0,1% bis Oberführer (Rang zwischen Oberst und Brigadegeneral). Von den 3.064 politischen Leitern der NSDAP waren 68,7% auf Ortsgruppenebene, 22,6% auf Kreisebene, 5,2% auf Gauebene und 3,5% auf Reichsebene tätig gewesen, wobei die meisten Angehörigen der höheren Ränge keine „Führungsämter" innegehabt, sondern lediglich rein technische Funktionen wie Kassenverwalter oder Revisoren ausgeübt hatten. Von den SA-Leuten hatten 79,8% einen Rang bis Sturmbannführer (Major), 18% bis Standartenführer (Oberst), 2% bis Brigadeführer (Brigadegeneral), 0,2% waren Gruppenführer (Generalleutnant) gewesen.[285]

Alter und Geschlecht

Während der deutschen Verwaltung des Internierungslagers wurde auch über das Alter der Internierten Buch geführt. Im April 1947 waren zwei Internierte unter 20, 211 zwischen 21 und 30, 1.849 zwischen 31 und 40, 2.782 zwischen 41 und 50, 1.772 zwischen 51 und 60, 123 zwischen 61 und 65 und 72 Internierte waren älter als 65.[286]

Zeitweise existierte ein Frauenblock mit 300-400 Gefangenen. Er hatte im Dezember 1945 300 Insassinnen, nach Meinung des evangelischen Lagerpfarrers viele versteckte „Nazissen".[287] Bei den internierten Frauen handelte sich im Wesentlichen um Führerinnen des BDM und Frauengemeinschaftsleiterinnen. Die Frauen wurden am 04.06.1946 nach Ludwigsburg verlegt, wo alle internierten Frauen der US-Zone zusammengefasst werden sollten.[288]

Abb. 47: Der Frauenblock (Zeichnung K. Kyriss; Doerfler H. (Hg.), Freiheit).

Prominente Internierte

Im Lager befanden sich in der Masse der Internierten auch herausragende Vertreter des Nationalsozialistischen Deutschlands aus verschiedenen Bereichen, aber auch aus dem Widerstand.

Wilhelm Rott – interniert trotz Widerstands

Der evangelische Geistliche Wilhelm Rott (1908-1967) hatte sich der anti-nationalsozialistischen Bekennenden Kirche angeschlossen und war deswegen aus dem Kirchendienst des Rheinlandes entlassen worden. In den Folgejahren war er in verschiedenen Institutionen der Bekennenden Kirche tätig, unter anderem 1935-1937 als Studieninspektor am Predigerseminar der Bekennenden Kirche in Finkenwalde. Dort war er Mitarbeiter des Widerstandskämpfers Dietrich Bonhoeffer.[289] Rott befand sich 1937 in Gestapohaft. 1942 war er an einer Rettungsaktion zugunsten von 15 Juden beteiligt. 1943 ließen ihn Unterstützer in der Wehrmacht einberufen, um ihn vor der Gestapo zu schützen und setzten ihn bei der Abwehr ein. Es handelte sich dabei um den Militärgeheimdienst der Wehrmacht, in dem eine größere Zahl von Oppositionellen gegen Hitler tätig war. Als Mitarbeiter der Abwehr im Rang eines Gefreiten war Rott in Athen stationiert und dort im Passwesen tätig. Aufgrund seiner Tätigkeit bei der Abwehr fiel er unter den automatic arrest. Rott stellte sich dann folgerichtig die Frage, warum er als Anhänger der Bekennenden Kirche und Gegner des Nationalsozialismus im Internierungslager war. Hätte er sich nicht der Bekennenden Kirche, sondern den mit den Nationalsozialisten sympathisierenden Deutschen Christen angeschlossen, hätte er als Militärpfarrer ohne Probleme in der Wehrmacht Dienst tun können und wäre innerhalb weniger Wochen nach Kriegsende aus der Kriegsgefangenschaft entlassen und nach Hause geschickt worden. [290]

Ernst Krieck – ein Vordenker des Nationalsozialismus

Im Lager befanden sich auch Vordenker des Nationalsozialismus wie Ernst Krieck (1882-1947).[291] Schon vor der Machtergreifung Nationalsozialist wurde der Professor für Pädagogik 1933 Rektor der Universität Frankfurt. Krieck war für den SD (Geheimdienst der SS) tätig und erhielt den Rang eines Obersturmbannführers (Oberstleutnant).[292] Er vertrat Thesen wie „Aus Masse wird Volk, aus Volk rassebewusste Nation"[293] Krieck gilt als einer der führenden nationalsozialistischen Erziehungswissenschaftler. Er starb am 18.03.1947 im Lager an einem Gehirnschlag.

Johanna Haarer – eine Pädagogin der NS-Zeit

Mit Johanna Haarer (1900-1988) war zeitweise eine weitere Pädagogin des Dritten Reiches in Moosburg interniert.[294] Die überzeugte Nationalsozialistin schrieb mehrere Bücher im Geiste der NSDAP, unter anderem 1934 den Erziehungsratgeber „Die deutsche Mutter und ihr erstes Kind", das zum Standardwerk wurde und bis 1987, bereinigt von nationalsozialistischer Rhetorik, verlegt wurde. Auf diese Weise prägte sie die Erziehung von Millionen Deutschen in mehreren Generationen mit.[295]

Günther Quandt – ein Wirtschaftsführer im Nationalsozialismus

Im Frühherbst 1946 war der Industrielle Günther Quandt (1881-1954), der erste Mann von Magda Goebbels (1901-1945), kurzzeitig im Lager Moosburg interniert.[296] Quandt galt weder als Kriegsverbrecher noch fiel er unter die Kategorien des automatic arrest. Hintergrund für seine Verhaftung war, dass in der amerikanischen Öffentlichkeit die Meinung populär war, dass Großunternehmer zum Aufstieg Hitlers beigetragen hatten. Sie sollten nun zur Verantwortung gezogen werden. Quandt hatte während des Dritten Reiches von Aufrüstung und der Arisierung jüdischer Firmen profitiert, in seinen Unternehmen waren

Zwangsarbeiter und KZ-Häftlinge eingesetzt worden. 1948 kam er frei, 1949 wurde er als Mitläufer eingestuft.[297]

Heinrich Hoffmann – Hitlers „Hoffotograf"

Zu den Internierten im Lager Moosburg gehörte Hitlers Fotograf und Vertrauter Heinrich Hoffmann (1885-1957).[298] In seinem Atelier lernte Hitler Eva Braun (1912-1945) kennen, seine Tochter heiratete den Reichsjugendführer Baldur von Schirach (1907-1974). Nachdem Hoffmann 1919 Hitler kennengelernt hatte, entwickelte sich eine enge persönliche Beziehung. 1920 war er in die NSDAP eingetreten und wurde zum „Hoffotografen" des Führers, der Hitler als einziger auch in privaten Situationen fotografieren durfte. Er gestaltete die Wahlkampfbroschüren der Partei und veröffentlichte aus seinen 2,5 Millionen Fotos Bildhefte und Bildbände. Im November 1947 flüchtete er aus dem Lager, wurde jedoch wieder von der amerikanischen Militärpolizei festgenommen. Eine Spruchkammer verurteilte ihn zu fünf Jahren Arbeitslager und zum Verlust beinahe seines gesamten Vermögens. [299]

Franz Pfeffer von Salomon – der Organisator der SA

Von August 1946 bis Mai 1947 befand sich Franz Pfeffer von Salomon (1888-1968) im Moosburger Internierungslager.[300] Nach Funktionen als Gauleiter in Westfalen 1924 und im Gau Ruhr war er von 1926-1930 als Oberster SA-Führer Leiter der SA. Diese Position übernahm später Ernst Röhm (1887-1934). Mit der Einrichtung der Obersten SA-Führung baute er ein zentrales Leitungsorgan für die SA auf und schuf die Strukturen für die Aufnahme zahlreicher neuer SA-Mitglieder. Außerdem hatte er maßgeblichen Anteil am Aufbau der Parteistrukturen in Norddeutschland und war ein wichtiger Unterstützer Hitlers im Zeitraum 1926-1930. Er trug erheblich dazu bei, dass Hitler sich innerparteilich durchsetzen konnte. Im Rahmen der Entnazifizierung wurde er als „entlastet" eingestuft. [301]

Carl Eduard von Sachsen-Coburg und Gotha – Hitlers adeliger Türöffner

Der letzte regierende Herzog von Sachsen-Coburg und Gotha, Carl Eduard (1884-1954), war Lagerinsasse.[302] Er und andere Adelige waren interniert, da sie den Aufstieg des Nationalsozialismus in der Zwischenkriegszeit unterstützt oder Positionen im NS-Regime innegehabt hatten.

Nach seiner Absetzung 1918 wurde Carl Eduard früh zu einem Anhänger des Nationalsozialismus. Schon in den 20er-Jahren unterstützten er und seine Familie die NSDAP, das NSKK, SA oder SS mittels Spenden oder vermittelten Hitler Kontakte zu den rechtsnationalen Eliten der Weimarer Republik und machten ihn und die NSDAP dort „salonfähig". Seine Reputation verschafften Hitler und der NSDAP Ansehen und Aufmerksamkeit. 1933 trat er in die NSDAP ein und erhielt die Ränge eines Ehrenführers des NS-Kraftfahrerkorps und eines SA-Gruppenführers (entsprach im Rang einem Generalleutnant der Wehrmacht). Nach der Machtergreifung war Carl Eduard aufgrund seiner Herkunft für die Nationalsozialisten ein wichtiger Türöffner im Ausland. Auslandsreisen führten ihn nach Großbritannien (mit dem dortigen Königshaus war er verwandt), nach Japan, Schweden und in die USA. Eintragungen in seinem Taschenkalender weisen ihn als Antisemiten aus. Als Präsident des Deutschen Roten Kreuzes lehnte Carl Eduard es ab, gegen die Ermordung Kranker im Rahmen der Aktion T4 vorzugehen und verschloss die Augen vor dem Holocaust. 1945 interniert wurde er 1946 entlassen und 1950 als Mitläufer eingestuft.[303]

Curt von Burgsdorff – ein Funktionär der Besatzungsverwaltung

Mit Curt von Burgsdorff (1886-1962) befand sich ein hoher Beamter der deutschen Verwaltung der besetzten Gebiete im Lager. Von 1939 bis 1942 war er als Unterstaatssekretär im Protektorat Böhmen und Mähren tätig, von

1943 bis 1945 als Gouverneur des Distrikts Krakau im Generalgouvernement, dem vom Deutschen Reich besetzten Teil Polens.[304] Die deutsche Verwaltung hatte das Ziel, die besetzten polnischen Gebiete möglichst intensiv mittels Zwangsarbeit und Abtransport von Lebensmitteln und Ressourcen zugunsten des Deutschen Reiches auszubeuten. Zwar plädierte Burgsdorff immer wieder für ein gemäßigtes Vorgehen, zeigte sich aber als linientreuer Nationalsozialist. So plante er 1944 eine Ausstellung mit dem Titel „Die jüdische Weltpest".

1946 wurde Curt von Burgsdorff an Polen überstellt, dort zu drei Jahren Freiheitsstrafe verurteilt und 1949 entlassen. Er war dann für die evangelische Kirche tätig. [305]

Claus Schilling, Hanns Eisele und Fritz Hintermayer – Ärzte im Terrorsystem der KZs

Weitere Lagerinsassen waren KZ-Ärzte, so Dr. Claus Schilling (1871-1946).[306] Von 1942 bis 1945 führte er im KZ Dachau Menschenversuche an 1.000 Häftlingen durch, um einen Impfstoff und ein Arzneimittel gegen Malaria zu finden. Zwischen 300 und 400 Häftlinge starben. Als Schilling nach dem Krieg vor ein US-Militärgericht gestellt wurde, zeigte er keine Reue, sondern forderte das Gericht auf, ihn dabei zu unterstützen, seine Arbeit zu Ende zu führen. Schilling würde zum Tode verurteilt und hingerichtet.[307]

In Moosburg befand sich auch der KZ-Arzt Hanns Eisele (1913-1967), der in Buchenwald, Natzweiler und Dachau tätig war. Alleine in Buchenwald brachte Eisele 300-500 Tuberkulosekranke um und tötete Häftlinge, die ihm als krank oder schwach auffielen oder gegen die er eine persönliche Abneigung hatte. Nach Kriegsende konnte Eisele sich durch Flucht einer Strafverfolgung entziehen. [308]

Hinzu kam der in Dachau tätige KZ-Arzt Fritz Hintermayer (1911-1946).[309] Er unterstützte die Malaria-Versuche von Schilling, indem er die in Frage kommenden Häftlinge untersuchte und auswählte. Dem Ausbruch einer Typhus-Epidemie im Lager, die von Herbst 1944 bis April 1945 dauerte und die mehreren Tausend Häftlingen das Leben kostete, stand er tatenlos gegenüber. Einige Lagerinsassen brachte er selbst um. Hintermayer wurde im Dachau-Hauptprozess zum Tode verurteilt und hingerichtet.[310]

Viktor Brack und Reinhold Vorberg – Organisatoren des Krankenmords

Im Camp waren die Chefbürokraten des „Euthanasieprogramms" interniert, die im Rahmen der Aktion „T 4" (benannt nach der Adresse der Dienststelle in der Tiergartenstraße in Berlin), die Ermordung von Kranken organisierten. Es handelte sich um Viktor Brack (1904-1948), der auch die Vorbereitung und Durchführung des Massenmordes an den Juden in Belzec, Sobibor und Treblinka durch den Transfer von Personal und Wissen unterstützte sowie um Reinhold Vorberg (1904-1983), der den Transport der Kranken in die Tötungsanstalten organisierte.[311]

Die Nationalsozialisten wollten die Kosten für die Pflege geistig und psychisch Kranker sparen. Gleichzeitig stieg während des Krieges der Bedarf an Betten für die Wehrmacht und die Opfer des Luftkriegs massiv an. Geistig und psychisch Kranke wurden in Meldebögen erfasst, die „Gutachter" dann sichteten und darüber entschieden, ob der betreffende Patient umgebracht werden sollte. Die Kranken wurden sodann in sechs spezielle Einrichtungen transportiert und dort mittels CO-Gas getötet. Nach Protesten aus der Bevölkerung wurde die Aktion 1941 zunächst gestoppt, im Lauf des Krieges dann aber wieder aufgenommen und neben geistig und psychisch Kranken auf weitere Gruppen ausgeweitet: arbeitsunfähige KZ-Häftlinge und Zwangsarbeiter, im Bombenkrieg Traumatisierte, Altenheimbewohner oder Kinder und Jugendliche aus sozial randständigen Familien.[312]

Angehörige der Dienststelle T4 wurden an die SS abgeordnet, da dort Bedarf an Kenntnissen in der Tötung einer

Vielzahl von Menschen bestand, um die systematische Ermordung der europäischen Juden durchführen zu können. Mitarbeiter der Aktion T4 unterstützen den Aufbau, den Betrieb und die Bewachung der Lager Belzec, Sobibor und Treblinka, die ersten Lagerkommandanten waren ehemalige Mitarbeiter der Dienststelle. Brack wurde im Nürnberger Ärzteprozess zum Tode verurteilt und hingerichtet, Vorberg vom Landgericht Frankfurt wegen Beihilfe zum Mord zu einer Haftstrafe. [313]

Gerhard Klopfer – Teilnehmer der Wannseekonferenz

Bis zum 28.06.1946 war Dr. Gerhard Klopfer (1905-1987) in Moosburg interniert.[314] Er war als Vertreter der Parteikanzlei Teilnehmer der Wannseekonferenz, auf der der Massenmord an den europäischen Juden koordiniert wurde.[315] Ab 1942 beteiligte sich Klopfer als Staatssekretär an maßgeblicher Stelle an der Entrechtung der Juden in Deutschland. Als hochrangiger Vertreter der Parteikanzlei war Klopfer an der Schaltstelle zwischen staatlicher Verwaltung und Partei tätig. Er war überzeugter Nationalsozialist und genoss bis zuletzt Hitlers Vertrauen, von dem er auch Sonderzahlungen erhielt.[316]

Albert Ganzenmüller – ein Technokrat des Holocaust

Der wohl am massivsten belastete Internierte war Albert Ganzenmüller (1905-1996).[317] Er war stellvertretender Generaldirektor der Reichsbahn und Staatssekretär im Reichsverkehrsministerium (1942-1945). In diesen Funktionen war Ganzenmüller für Transporte in die Vernichtungslager zuständig. So wirkte er an der Deportation von zwei Millionen polnischen Juden in die Lager Sobibor, Belzec und Treblinka mit.[318] Am 28.07.1942 schrieb er an Himmlers Adjutanten, seit dem 22.07.1942 fahre „täglich ein Zug mit je 5.000 Juden von Warschau nach Treblinka, außerdem zwei Mal wöchentlich ein Zug mit 5.000 Juden von Przemysl nach Belzec".[319] Ganzenmüller wurde am 20.05.1945 verhaftet und in Moosburg interniert. Von dort floh er im Dezember 1947 nach Argentinien. 1953 kehrte er nach Deutschland zurück und klagte eine Pension als Staatssekretär ein. Nach schleppenden Ermittlungen begann 1973 ein Prozess gegen Ganzenmüller wegen Beihilfe zum Mord. Dieser wurde jedoch wegen Krankheit des Angeklagten nach wenigen Tagen unterbrochen, das Verfahren wegen dauernder Verhandlungsunfähigkeit 1977 schließlich eingestellt. Ganzenmüller starb 1996 in München.[320]

Einer war jedoch höchstwahrscheinlich **nicht** in Moosburg interniert: Der Raketenspezialist **Wernher von Braun** (1912-1977). Wernher von Braun hatte während des Zweiten Weltkriegs das deutsche Raketenprogramm in Peenemünde geleitet, wo die Rakete „Vergeltungswaffe 2" (V2) entwickelt wurde, die erste funktionierende Boden-Boden-Rakete mit Flüssigantrieb. 1943 wurde die Produktion der Raketen ins KZ Dora-Mittelbau verlegt, wo Tausende KZ-Häftlinge bei der Herstellung der Waffe starben.[321] Gegen Kriegsende wurden die Raketenforscher um Wernher von Braun nach Süddeutschland evakuiert. Am 02.05.1945 stellten sie sich den Amerikanern, die sie und andere Spezialisten in Garmisch-Partenkirchen internierten und vernahmen.[322] Anfang Juni reiste von Braun gemeinsam mit US-Offizieren nach Thüringen, um dort lebende Wissenschaftler aus seinem Team zu einem Umzug in die US-Zone zu bewegen. Am 22.06.1945 kam von Braun mit einer größeren Gruppe von früheren Mitarbeitern in Witzenhausen in Nordhessen an.[323] Im August 1945 hielt sich von Braun zeitweise in London zu Befragungen auf. Als die US-Regierung im Juni 1945 die Beschäftigung von deutschen Spezialisten genehmigt hatte, trat von Braun am 13.09.1945 in amerikanische Dienste. Nachdem er zeitweise noch in Bad Kissingen einquartiert war, begann Mitte September seine Reise in die USA.[324] Die Angehörigen der Wissenschaftler, die in den USA arbeiteten, wurden auf dem Gelände der Schoch-Kaserne in Landshut untergebracht und streng bewacht, um

Entführungen durch die UdSSR zu verhindern.[325] Am 01.02.1947 heiratete von Braun in Landshut und kehrte dann mit seiner Familie in die USA zurück.[326] Von Braun war später für die NASA tätig und gilt als einer der zentralen Akteure des US-Raumfahrtprogramms.

Auch wenn der Aufenthalt von Brauns zwischen Anfang Mai und Mitte September 1945 nicht lückenlos nachvollzogen werden kann, was auch daran liegt, dass die entsprechenden Akten des zuständigen Geheimdienstes nicht freigegeben sind, sprechen zwei Gründe dagegen, dass er in Moosburg interniert war. In den zahlreichen Erlebnisberichten von Internierten, in denen sich diese an viele prominente Mitinternierte erinnern, taucht von Braun nicht auf. Gleichzeitig waren sich die Amerikaner bereits am 02.05.1945 bewusst, dass sie einen hochkarätigen Gefangenen gemacht hatten, der die V2 mitentwickelt hatte. Sie schätzten den Wissensvorsprung der Deutschen in der Raketentechnik auf bis zu 25 Jahre ein. Daher waren sie darauf aus, von Braun und andere Top-Wissenschaftler im Rahmen der Operationen Overcast und Paperclip in die USA zu bringen. [327] Sie bewachten diese Spezialisten intensiv und schirmten sie zum Teil auch vor den Verbündeten ab. Die Amerikaner fassten sie und andere hochrangige Gefangene daher in speziellen Einrichtungen zusammen. Solche besonders wichtigen Gefangenen wurden nicht in regulären Internierungslagern untergebracht, die Gefahren von Fluchten, Entführungen oder Racheakten von Mitgefangenen war hier zu groß. Vor allem war es in den regulären Lagern nicht möglich, von Braun wie andere Wissenschaftler von Experten befragen zu lassen, um den Aufenthaltsort anderer Spezialisten und die Orte zu erfahren, an denen Unterlagen, Material und Prototypen versteckt waren. Dabei hatte ein Wettlauf mit den Sowjets bereits eingesetzt, die Zeit drängte.

Resümee

Die Internierung tausender Menschen war die einschneidendste Facette einer Vielzahl von Entnazifizierungsmaßnahmen.

Teilweise werden die Internierungen als Unrecht und Fehler angesehen. Eine solch drastische Maßnahme wie eine Internierung über Monate, ja Jahre hinweg, wäre nur dann gerechtfertigt gewesen, wenn wirklich eine entsprechende Gefahr gedroht hätte oder wenn es offensichtlich gewesen wäre, dass nur die Hauptverantwortlichen des NS-Systems in Haft gehalten wurden. Beide Voraussetzungen hätten nicht vorgelegen.[328]

Tatsächlich ist die Internierung durchaus kritisch zu sehen. Das Ziel der US-Armee, während und nach der Besetzung Deutschlands die Sicherheit der Truppe zu gewährleisten, ist nachvollziehbar. Vor dem Hintergrund von wenn auch geringfügigen „Werwolfaktivitäten", die Anschläge auf amerikanische Soldaten und einen Guerillakrieg nicht unwahrscheinlich erscheinen ließen, gab es zu einer Verhaftung der führenden Persönlichkeiten aus Militär, Polizei, Verwaltung und Partei zunächst keine Alternative. Bei Funktionären der Partei und ihrer Gliederungen kam hinzu, dass ihre Internierung auf effektive Art und Weise verhinderte, dass aktive Nationalsozialisten weiterhin Einfluss ausübten. Das Vorgehen im Wege des automatic arrest, also die Verhaftung aufgrund formaler Kriterien, war im Chaos der unmittelbaren Nachkriegszeit ebenso ohne Alternative. Die US-Soldaten, in der Regel der deutschen Sprache nicht mächtig und ohne vertiefte Kenntnisse der Strukturen von Staat und Gesellschaft in Deutschland und der Organisation der NSDAP und ihrer Gliederungen, benötigten einfache Kategorien, an denen sie sich orientieren konnten.

Zwei Fehlkonstruktionen in der Internierungspraxis stellen jedoch ihre Legitimität in Frage: Es gab bis zur Etablierung der Spruchkammern kein auch nur halbwegs effektives System, um diejenigen, die rein formell unter die Kategorien des automatic arrest fielen, aber nicht nationalsozialistisch belastet waren, zu identifizieren und schnell zu entlassen. Dies trifft zum Beispiel auf den evangelischen Lagerpfarrer Rott zu. Ja selbst Namensverwechslungen konnten über Monate hinweg kaum effektiv geltend gemacht werden.

Hinzu kam, dass es offensichtlich kein durchdachtes Konzept gab, wie mit den Internierten mittel- und langfristig umgegangen werden sollte. Insofern fehlte den Lagerinsassen über einen langen Zeitraum hinweg jegliche Perspektive. Erst mit der Etablierung des Spruchkammersystems ab Sommer/Herbst 1946 zeichnete sich eine Lösung des Problems ab, wobei auch hier die Verfahren aufgrund zahlreicher Schwierigkeiten sehr langsam und zäh anliefen Gleichzeitig versäumten es die Amerikaner, die Internierungen für politische Bildung zu nutzen: Weder konfrontierten sie die Internierten mit den nationalsozialistischen Verbrechen noch leisteten sie Aufklärungsarbeit im Hinblick auf eine offene Gesellschaft und eine rechtstaatliche Demokratie.

Gemeinsam mit dem schnellen Ende der Entnazifizierung Ende der vierziger Jahre und den Entlassungen aus den Internierungslagern bleibt festzuhalten, dass im Ergebnis diejenigen, die als „kleine Nazis" geringfügig belastet waren, unverhältnismäßig stärker von der Internierung betroffen waren als führende Kräfte des Nationalsozialismus. Ihre Verweildauer in den Lagern unterschied sich nur vergleichsweise wenig. Bedenkt man, mit welcher Milde führende Nationalsozialisten in den Strafverfahren wegen der von ihnen im Dritten Reich oder während des Krieges begangenen Verbrechen rechnen konnten, ist aus diesem Blickwinkel die Entnazifizierung gescheitert – und damit in gewisser Weise auch das System der Internierungslager.

Selbst wenn aus heutiger Sicht die Lebensbedingungen in den Lagern zumindest teilweise menschenunwürdig waren, so unterschieden sie sich deutlich von denjenigen in den Konzentrationslagern der Nationalsozialisten. Zweck der Internierungslager war es gerade nicht, politische Gegner zu misshandeln und zu töten. Zwar kam es in den Internierungslagern zu Schikanen und heftigen Übergriffen, doch hatten diese kein System und wurden, zumindest in Extremfällen, von der US-Militärjustiz geahndet.

Gleichzeitig waren auch die Lebensumstände in den Lagern kaum schlechter als die der Zivilbevölkerung in Deutschland, sondern eher besser. Allgemein waren die Lebensbedingungen für die Bevölkerung in Deutschland, wie in weiten Teilen Europas, in der Nachkriegszeit schwierig. Die Ernährungslage und Unterbringungssituation verschlechterte sich dramatisch, vor allem für solche Personen, die ausgebombt oder heimatvertrieben waren. Vor dem Hintergrund dieses allgemeinen Mangels relativieren sich auch die Lebensbedingungen im Lager.

Als Fazit bleibt jedenfalls festzuhalten, dass es den Amerikanern, bei all den Unzulänglichkeiten im System der Internierung, nicht um blinde Rache an den Deutschen ging.

Gleichzeitig bedeutet, das zeigt beispielshaft das Schicksal des Internierten Rott, die Tatsache des Aufenthalts in einem Internierungslager nicht automatisch, dass es sich bei der Person um einen führenden Nationalsozialisten handelt oder eine Person, die Kriegsverbrechen begangen oder vom Nationalsozialismus profitiert hat.

Endnoten

[1] Simmel M., Es muss nicht immer Kaviar sein, Gütersloh 1964, S. 491.

[2] In seinen Standardwerken „Entnazifizierung in Bayern" (1972), neu aufgelegt als „Die Mitläuferfabrik" (1982), hat Lutz Niethammer die Internierungslager allgemein beschrieben und ihre Einbindung in die Entnazifizierungspolitik der Amerikaner dargestellt. Einen Überblick über die Internierung und die Internierungspraxis der Amerikaner bieten Christa Horn, „Die Internierungs- und Arbeitslager in Bayern 1945-1952", Frankfurt 1992, Christa Schick in ihrem Beitrag „Die Internierungslager" im Sammelband „Von Stalingrad zur Währungsreform", herausgegeben von Broszat M./Henke K./Woller H., München 1988, S. 301-326, und Peter Zeitler in seinem Aufsatz „Lageralltag in amerikanischen Internierungscamps (1945-1948)", in: Archiv für Geschichte von Oberfranken, 76 (1986), S. 371-392. Ein Tagungsband aus dem Jahr 1993 untersucht die unterschiedliche Internierungspraxis der verschiedenen Besatzungsmächte, Knigge-Tesche R./Reif-Spirek R./Ritscher B. (Hgg.), Internierungspraxis in Ost- und Westdeutschland nach 1945, Erfurt 1993. Mit dieser Fragestellung hat sich auch der Historiker Andrew Beattie beschäftigt, Allied Internment Camps in Occupied Germany, Cambridge 2020. Als Untersuchung zu einem einzelnen Lager und zugleich aktueller Beitrag zu den Lagern in Bayern liegt der Aufsatz von Albrecht Klose „Das Internierungs- und Arbeitslager Regensburg 1945-1948", in: Verhandlungen des Historischen Vereins für Oberpfalz und Regensburg, 144 (2004), S. 7-83, vor.

Speziell zum Internierungslager Nummer 6 gibt es einen kurzen Aufsatz von Walter Beer aus dem Jahr 1998, Aus Stalag wird Camp No. 6, in: Heimatverein Moosburg (Hg.), 20 Jahre Heimatverein Moosburg, Moosburg 1998, S. 138-143; 2014 erschien mit dem Buch „Das Internierungslager Moosburg 1945-1948" von Heinrich Pflanz eine Sammlung von Quellen, Bildern und Fotografien.

Dieses Buch ist eine Zusammenfassung der ausführlichen Publikation des Autors, „Internment Camp No 6 Moosburg", Moosburg/Norderstedt 2021.

[3] Niethammer L., Entnazifizierung in Bayern, Frankfurt 1972; Niethammer L., Die amerikanische Besatzungsmacht zwischen Verwaltungstradition und politischen Parteien in Bayern 1945, in: Vierteljahreshefte für Zeitgeschichte 15 (1967), S. 153-210.

[4] Kunz A., Die Wehrmacht 1944/45. Eine Armee im Untergang, in: Müller R. (Hg.), Der Zusammenbruch des deutschen Reiches 1945 – Die Folgen des Zweiten Weltkriegs, Militärgeschichtliches Forschungsamt (Hg.), Das deutsche Reich und der Zweite Weltkrieg, 10. Band 2.

Halbband, München 2008, S. 3-54, S. 13ff.; Horn C., Die Internierungs- und Arbeitslager in Bayern 1945-1952, Frankfurt 1992, S. 17ff.; Schick C., Die Internierungslager, in: Broszat M./Henke K./Woller H. (Hgg.), Von Stalingrad zur Währungsreform, München 1988, S. 301-326, S. 301.

[5] Berichte der 3. US-Armee von Mai bis August 1945, Nationalarchiv RG 407 Box 1592.

[6] Horn C., Die Internierungs- und Arbeitslager in Bayern 1945-1952, Frankfurt 1992, S. 20ff.; Niethammer L., Entnazifizierung in Bayern, Frankfurt 1972, S. 40ff., 66, 149f., 159; Niethammer L., Die amerikanische Besatzungsmacht zwischen Verwaltungstradition und politischen Parteien in Bayern 1945, in: Vierteljahreshefte für Zeitgeschichte 15 (1967), S. 153-210, S. 162f.

[7] Nachrichtenblatt für Moosburg und Umgebung Nr. 6/1945 vom 25.08.1945.

[8] Hoffmann P., Widerstand, Staatsstreich, Attentat, München 1979, S. 238; Koehn B., Der deutsche Widerstand gegen Hitler, Berlin 2007, S. 316; Niethammer L., Entnazifizierung in Bayern, Frankfurt 1972, S. 72ff.

[9] Überschär G., Der militärische Umsturzplan „Walküre" in: Steinbach P./Tuchel J. (Hg.), Widerstand gegen die nationalsozialistische Diktatur 1933-1945, Berlin 2004, S. 489-504, S. 496; Niethammer L., Entnazifizierung in Bayern, Frankfurt 1972, S. 79.

[10] Im Detail dazu Niethammer L., Entnazifizierung in Bayern, Frankfurt 1972, S. 96ff., wo er ausführlich die unterschiedlichen Konzepte der verschiedenen Gruppen und ihre Entwicklungen darstellt.

[11] Niethammer L., Entnazifizierung in Bayern, Frankfurt 1972, S. 103f.

[12] Niethammer L., Entnazifizierung in Bayern, Frankfurt 1972, S. 111ff.

[13] Baer F., Die Ministerpräsidenten Bayerns 1945-1962, München 1971, S. 11.

[14] Zitiert nach Baer F., Die Ministerpräsidenten Bayerns 1945-1962, München 1971, S. 24.

[15] Beck F., Tagebuch eines Mannes, der Hungerturm hieß, München 1952, S. 34.

[16] Horn C., Die Internierungs- und Arbeitslager in Bayern 1945-1952, Frankfurt 1992, S. 32.

[17] Horn C., Die Internierungs- und Arbeitslager in Bayern 1945-1952, Frankfurt 1992, S. 22, 23.

[18] Reither D., Internment Camp No. 6 Moosburg, Moosburg/Norderstedt 2021, S. 30.

[19] Niethammer L., Entnazifizierung in Bayern, Frankfurt 1972, S. 255ff.; Thränhardt D., Geschichte der Bundesrepublik Deutschland, Frankfurt 1996, S. 22; Wehler H., Deutsche Gesellschaftsgeschichte Band IV, München 2003, S. 957.

[20] Horn C., Die Internierungs- und Arbeitslager in Bayern 1945-1952, Frankfurt 1992, S. 32.

[21] Beck F., Tagebuch eines Mannes, der Hungerturm hieß, München 1952, S. 169; Predigt des katholischen Lagerpfarrers Mayerhofer vom 08.06.1947; Schreiben des Moosburger Stadtpfarrers Schiml an das Erzbischöfliche Ordinariat München und Freising vom 24.07.1947, beides Pfarrarchiv Moosburg Lagerseelsorge 1946-1948.

[22] Horn C., Die Internierungs- und Arbeitslager in Bayern 1945-1952, Frankfurt 1992, S. 45.

[23] Beck F., Tagebuch eines Mannes, der Hungerturm hieß, München 1952, S. 28; Ziche J. (Hg.), Briefwechsel in schwerer Zeit, München 2009, S. 19.

[24] Artikel in der amerikanischen Armeezeitung Stars and Stripes, in Übersetzung angedruckt bei Diester H., Meine Erlebnisse im amerikanischen Internierungslager Moosburg, o.O. o.J., S. 355ff.; Seelsorgebericht des katholischen Stadtpfarrers für das Jahr 1946, Pfarrarchiv Moosburg; Rott W., Moosburg 1945/46, in: Doerfler H. (Hg.), Freiheit der Gefangenen, Düsseldorf 1970, S. 86-95, S. 86f.; Schreiben der Leitung des Lagers Moosburg an die Leitung des Lagers Ludwigsburg vom 18.11.1946, Stadtarchiv Moosburg 06/74; Diester H., Meine Erlebnisse im amerikanischen Internierungslager Moosburg, o.O., o.J., S. 286.

[25] Diester H., Meine Erlebnisse im amerikanischen Internierungslager Moosburg, o.O., o.J., S. 123.

[26] Horn C., Die Internierungs- und Arbeitslager in Bayern 1945-1952, Frankfurt 1992, S. 56ff.; Niethammer L., Entnazifizierung in Bayern, Frankfurt 1972, S. 256.

[27] Klose A., Das Internierungs- und Arbeitslager Regensburg 1945-1948, in: Verhandlungen des Historischen Vereins für Oberpfalz und Regensburg 144 (2004), S. 7-83, S. 16ff.

[28] Monatsbericht der Lagerleitung für Dezember 1946, Bayerisches Hauptstaatsarchiv MSo 2048.

[29] Beattie A., Die alliierte Internierung im besetzten Deutschland und die deutsche Gesellschaft, in: Zeitschrift für Geschichtswissenschaft 62 (2014), S. 239-256, S. 252ff.; Niethammer L., Entnazifizierung in Bayern, Frankfurt 1972, S. 404.

[30] Schreiben OMGUS vom August 1946, ifz MZ 276 RI 2 (3); Bericht aus dem Oktober 1946, Bayerisches Hauptstaatsarchiv NL Pfeiffer 129; Redemanuskripte von Minister Pfeiffer und der US-Generäle McBride und Muller, Bayerisches Hauptstaatsarchiv MSo 1966.

[31] Reither D., Internment Camp No 6 Moosburg, Moosburg/Norderstedt 2021, S. 297; Horn C., Die Internierungs- und Arbeitslager in Bayern 1945-1952, Frankfurt 1992, S. 129ff.

[32] Bericht des CIC vom 27.03.1947, ifz RG 260 15-124; Bericht des CIC vom 25.04.1947, ifz RG 260 15-124; Bericht des MID vom 18.12.1947, ifz RG 260 15-124.

[33] Bierling S., Geschichte der amerikanischen Außenpolitik, München 2003, S. 105f.; Niethammer L., Entnazifizierung in Bayern, Frankfurt 1972, S. 236; Horn C., Die Internierungs- und Arbeitslager in Bayern 1945-1952, Frankfurt 1992, S. 129ff.

[34] Beattie A., Die alliierte Internierung im besetzten Deutschland und die deutsche Gesellschaft, in: Zeitschrift für Geschichtswissenschaft 62 (2014), S. 239-256, S. 247, 255f.; Thränhardt D., Geschichte der Bundesrepublik Deutschland, Frankfurt 1966, S. 23; Baer F., Die Ministerpräsidenten Bayerns 1945-1962, München 1971, S. 42; Vollnhals C., Entnazifizierung, München 1991, S. 61; Niethammer L., Entnazifizierung in Bayern, Frankfurt 1972, S. 208ff.

[35] Bayerischer Landtag, Verhandlungen des Bayerischen Landtags I. Tagung 1946/1947, Stenographische Berichte 1. Band, München 1948, S. 375ff.

[36] Niethammer L., Entnazifizierung in Bayern, Frankfurt 1972, S. 455f.; Klose A., Das Internierungs- und Arbeitslager Regensburg 1945-1948, in: Verhandlungen des Historischen Vereins für Oberpfalz und Regensburg 144 (2004), S. 7-83, S. 16ff.; Schreiben des CIC an den öffentlichen Kläger im Lager vom 29.04.1947; Schreiben der Special Branch der Militärregierung Freising vom 30.04.1947, beide Nationalarchiv RG 260 Box 1.

[37] Horn C., Die Internierungs- und Arbeitslager in Bayern 1945-1952, Frankfurt 1992, S. 105ff.; Niethammer L., Entnazifizierung in Bayern, Frankfurt 1972, S. 451.

[38] Horn C., Die Internierungs- und Arbeitslager in Bayern 1945-1952, Frankfurt 1992, S. 129ff.

[39] Horn C., Die Internierungs- und Arbeitslager in Bayern 1945-1952, Frankfurt 1992, S. 138ff.

[40] Belegungsmeldungen zum jeweiligen Stichtag, Nationalarchiv RG 260 Box 3.

[41] Verfügung des Ministeriums für Sonderaufgaben vom 12.04.1948, Bayerisches Hauptstaatsarchiv MSo 2004; Bericht des MID vom 04.12.1947, ifz RG 260 15-124-1; Reither D., Internment Camp No 6 Moosburg, Moosburg/Norderstedt 2021, S. 317ff.

[42] Bericht des Ministeriums für Sonderaufgaben über die Auflösung des Lagers vom 08.06.1948, Bayerisches Hauptstaatsarchiv MSo 1966; Schreiben des Innenministeriums vom 07.05.1948 und vom 21.05.1948 an das Ministerium für Sonderaufgaben, Bayerisches Hauptstaatsarchiv MSo 1966; Schreiben an den Lagerleiter vom 15.04.1948, Bayerisches Hauptstaatsarchiv MSo 2004; Schreiben des Kreisbeauftragten für das Flüchtlingswesen an den Regierungsbeauftragten für das Flüchtlingswesen vom 24.06.1948, Stadtarchiv Moosburg 06/92; Reither D., Zwischen Hakenkreuz und Sternenbanner, Moosburg/Norderstedt 2020, S. 211ff.

[43] Schreiben des Kreisbeauftragten für das Flüchtlingswesen an den Regierungsbeauftragten für das Flüchtlingswesen vom 24.06.1948, Stadtarchiv Moosburg 06/92; Übergabeprotokoll vom 10.06.1948, Bayerisches Hauptstaatsarchiv MARb Landesflüchtlingsverwaltung 1669; Doyscher R., Vom Vertriebenenlager zur Neustadtsiedlung, in: Heimatverein Moosburg (Hg.), 20 Jahre Heimatverein Moosburg, Moosburg 1998, S. 143-148; Reither D., Zwischen Hakenkreuz und Sternenbanner, Moosburg/Norderstedt 2020, S. 212ff.

[44] Horn C., Die Internierungs- und Arbeitslager in Bayern 1945-1952, Frankfurt 1992, S. 30ff.

[45] Horn C., Die Internierungs- und Arbeitslager in Bayern 1945-1952, Frankfurt 1992, S. 42.

[46] Horn C., Die Internierungs- und Arbeitslager in Bayern 1945-1952, Frankfurt 1992, S. 28ff., 159; Diester H., Meine Erlebnisse im amerikanischen Internierungslager Moosburg, o.O., o.J., S. 169f.; Orzschig J., Rückblick in Verwunderung und Dankbarkeit, ifz Ms 2136-1, S. 83.

[47] Rott W., Aus dem 1. Brief, in: Doerfler H. (Hg.), Freiheit der Gefangenen, Düsseldorf 1970, S. 5; Rott W., Mein Weg nach Moosburg, in: Doerfler H. (Hg.), Freiheit der Gefangenen, Düsseldorf 1970, S. 5-7, S. 6; Diester H., Meine Erlebnisse im amerikanischen Internierungslager Moosburg, o.O., o.J., S. 3, 15, 18, 132f.; Orzschig J., Rückblick in Verwunderung und Dankbarkeit, ifz Ms 2136-1, S. 75.

[48] Diester H., Meine Erlebnisse im amerikanischen Internierungslager Moosburg, o.O., o.J., S. 22; Hegenbarth F., War Crime Suspect, Jena 2014, S. 37ff.; Lutz W. (Hg.), Hermann Dicknether, Wien 2008, S. 140; Ziche J. (Hg.), Briefwechsel in schwerer Zeit, München 2009, S. 74.

[49] Horn C., Die Internierungs- und Arbeitslager in Bayern 1945-1952, Frankfurt 1992.

[50] Orzschig J., Rückblick in Verwunderung und Dankbarkeit, ifz Ms 2136-1, S. 80; Malbeck, Gottesdienst in der „Verbrecher-Baracke", in: Doerfler H. (Hg.), Freiheit der Gefangenen, Düsseldorf 1974, S. 74.

[51] Anonymer Bericht an James K. Pollock von Januar 1946, ifz MZ 276 RI 2 (3).

[52] Horn C., Die Internierungs- und Arbeitslager in Bayern 1945-1952, Frankfurt 1992, 160ff.; Diester H., Meine Erlebnisse im amerikanischen Internierungslager Moosburg, o.O., o.J., S. 336; Anonymer Bericht an James K. Pollock von Januar 1946, ifz MZ 276 RI 2 (3).

[53] Bestimmung für die deutsche Selbstverwaltung des Internierungslagers 6, Moosburg, vom 05.07.1946, gebilligt vom Leiter des MID, abgedruckt bei Diester H., Meine Erlebnisse im amerikanischen Internierungslager Moosburg, o.O., o.J., S. 352ff.

[54] Beck F., Tagebuch eines Mannes, der Hungerturm hieß, München 1952, S. 47; Vollnhals C., Entnazifizierung, München 1991, S. 237; Niethammer L., Entnazifizierung in Bayern, Frankfurt 1972, S. 457; Lutz W. (Hg.), Hermann Dicknether, Wien 2008, S. 146; Seelsorgebericht des katholischen Stadtpfarrers von Moosburg für 1947, Pfarrarchiv Moosburg Lagerseelsorge 1946-1948; Rott W., Moosburg 1945/46, in: Doerfler H. (Hg.), Freiheit der Gefangenen, Düsseldorf 1970, S. 86-95, S. 86.

[55] Wochenberichte der Militärregierung für Freising für 11.11.-17.11. und 18.11.-24.11.1945, Nationalarchiv RG 260 Box 626; Anonymer Bericht an James K. Pollock von Januar 1946, ifz MZ 276 RI 2 (3); Diester H., Meine Erlebnisse im amerikanischen Internierungslager Moosburg, o.O., o.J., S. 103ff., 216.

[56] Horn C., Die Internierungs- und Arbeitslager in Bayern 1945-1952, Frankfurt 1992, S. 167; Hegenbarth F., War Crime Suspect, Jena 2014, S. 44ff., 52ff.

[57] Niethammer L., Entnazifizierung in Bayern, Frankfurt 1972, S. 462ff.

[58] Ziche J. (Hg.), Briefwechsel in schwerer Zeit, München 2009, S. 99, 101, 109.

[59] Klose A., Das Internierungs- und Arbeitslager Regensburg 1945-1948, in: Verhandlungen des Historischen Vereins für Oberpfalz und Regensburg 144 (2004), S. 7-83, S. 29; Reither D., Internment Camp No 6 Moosburg, Moosburg/Norderstedt 2021, S. 220ff.; Niethammer L., Entnazifizierung in Bayern, Frankfurt 1972, S. 459ff.; undatierter Bericht, Bayerisches Hauptstaatsarchiv NL Pfeiffer 129; Bericht des Stellvertretenden Lagerleiters vom 25.02.1947, Bayerisches Hauptstaatsarchiv NL

Pfeiffer 127; Horn C., Die Internierungs- und Arbeitslager in Bayern 1945-1952, Frankfurt 1992, S. 170f.; Niederschrift vom 10.05.1947, Stadtarchiv Moosburg KIR002; Tätigkeitsbeschreibung vom 26.07.1947, unterzeichnet vom Lagerleiter, Stadtarchiv Moosburg KIR002.

[60] Bericht der Lagerleitung für März 1947, Bayerisches Hauptstaatsarchiv MSo 2078; Beck F., Tagebuch eines Mannes, der Hungerturm hieß, München 1952, S. 167; undatierter und unsignierter Bericht Bayerisches Hauptstaatsarchiv NL Pfeiffer129.

[61] Horn C., Die Internierungs- und Arbeitslager in Bayern 1945-1952, Frankfurt 1992, S. 169.

[62] Horn C., Die Internierungs- und Arbeitslager in Bayern 1945-1952, Frankfurt 1992, S. 168.

[63] Geschäftsverteilungsplan des Internierungs- und Arbeitslagers Moosburg, Stadtarchiv Moosburg 06/73.

[64] Beck F., Tagebuch eines Mannes, der Hungerturm hieß, München 1952, S. 178ff.

[65] Orzschig J., Rückblick in Verwunderung und Dankbarkeit, ifz Ms 2136-1, S. 78; Lutz W. (Hg.), Hermann Dicknether, Wien 2008, S. 143; Diester H., Meine Erlebnisse im amerikanischen Internierungslager Moosburg, o.O., o.J., S. 29ff., 168; Beck F., Tagebuch eines Mannes, der Hungerturm hieß, München 1952, S. 102; Peters H.J., Die eindrucksvollste Predigt in meinem Leben, in: Doerfler H. (Hg.), Freiheit der Gefangenen Düsseldorf 1970, S. 10-12, S. 10.

[66] Bayerischer Landtag, Verhandlungen des Bayerischen Landtags I. Tagung 1946/1947, Stenographische Berichte 1. Band, München 1948, S. 376; Zitat: Schreiben des Moosburger Stadtpfarrers an das Erzbischöfliche Ordinariat München und Freising vom 15.03.1947, Pfarrarchiv Moosburg Lagerseelsorge 1946-1948.

[67] Beck F., Tagebuch eines Mannes, der Hungerturm hieß, München 1952, S. 20, 30, 35; Orzschig J., Rückblick in Verwunderung und Dankbarkeit, ifz Ms 2136-1, S. 76f., 157; Klose A., Das Internierungs- und Arbeitslager Regensburg 1945-1948, in: Verhandlungen des Historischen Vereins für Oberpfalz und Regensburg 144 (2004), S. 7-83, S. 37.

[68] Beck F., Tagebuch eines Mannes, der Hungerturm hieß, München 1952, S. 60; Diester H., Meine Erlebnisse im amerikanischen Internierungslager Moosburg, o.O., o.J., S. 76, 96; Bayerischer Landtag, Verhandlungen des Bayerischen Landtags I. Tagung 1946/1947, Stenographische Berichte 1. Band, München 1948, S. 382.

[69] Diester H., Meine Erlebnisse im amerikanischen Internierungslager Moosburg, o.O., o.J., S. 82, 94, 266; Beck F., Tagebuch eines Mannes, der Hungerturm hieß, München 1952, S. 20ff., 57ff.; Hegenbarth F., War Crime Suspect, Jena 2014, S. 42; Ziche J. (Hg.), Briefwechsel in schwerer Zeit, München 2009, S. 35.

[70] Studie des Ernährungswissenschaftlers Prof. Dr. Haubold, Stadtarchiv Moosburg WIH005.

[71] Horn C., Die Internierungs- und Arbeitslager in Bayern 1945-1952, Frankfurt 1992, S. 380; Diester H., Meine Erlebnisse im amerikanischen Internierungslager Moosburg, o.O., o.J., S. 163; Studie des Ernährungswissenschaftlers Prof. Dr. Haubold, Stadtarchiv Moosburg WIH005.

[72] Lutz W. (Hg.), Hermann Dicknether, Wien 2008, S. 144; Beck F., Tagebuch eines Mannes, der Hungerturm hieß, München 1952, S. 90; Anonymer Bericht an James K. Pollock von Januar 1946, ifz MZ 276 RI 2 (3); Diester H., Meine Erlebnisse im amerikanischen Internierungslager Moosburg, o.O., o.J., S. 139f.

[73] Beck F., Tagebuch eines Mannes, der Hungerturm hieß, München 1952, S. 79; Diester H., Meine Erlebnisse im amerikanischen Internierungslager Moosburg, o.O., o.J., S. 109ff.; Studie des Ernährungswissenschaftlers Prof. Dr. Haubold, Stadtarchiv Moosburg WIH005.

[74] Horn C., Die Internierungs- und Arbeitslager in Bayern 1945-1952, Frankfurt 1992, S. 218ff.

[75] Ziche J. (Hg.), Briefwechsel in schwerer Zeit, München 2009, S. 15, 84.

[76] Ziche J. (Hg.), Briefwechsel in schwerer Zeit, München 2009, S. 121; Klose A., Das Internierungs- und Arbeitslager Regensburg 1945-1948, in: Verhandlungen des Historischen Vereins für Oberpfalz und Regensburg 144 (2004), S. 7-83, S. 34f.; Zeitler P., Lageralltag in amerikanischen Internierungscamps (1945-1948), in: Archiv für Geschichte von Oberfranken 76 (1986), S. 371-392, S. 374ff.

[77] Bayerischer Landtag, Verhandlungen des Bayerischen Landtags I. Tagung 1946/1947, Stenographische Berichte 1. Band, München 1948, S. 382.

[78] Horn C., Die Internierungs- und Arbeitslager in Bayern 1945-1952, Frankfurt 1992, S. 186; Beck F., Tagebuch eines Mannes, der Hungerturm hieß, München 1952, S. 65; Diester H., Meine Erlebnisse im amerikanischen Internierungslager Moosburg, o.O., o.J., S. 56f.

[79] Undatierter Geschäftsverteilungsplan der Lagerleitung, Stadtarchiv Moosburg 06/73; Monatsbericht der Lagerleitung für Februar 1947, Bayerisches Hauptstaatsarchiv MSo 2078; Monatsbericht der Lagerleitung für Juni 1947, Bayerisches Hauptstaatsarchiv MSo 2080.

[80] Horn C., Die Internierungs- und Arbeitslager in Bayern 1945-1952, Frankfurt 1992, S. 188; Geschäftsverteilungsplan der Lagerleitung,

Stadtarchiv Moosburg 06/73; Diester H., Meine Erlebnisse im amerikanischen Internierungslager Moosburg, o.O, o.J., S. 270.

[81] Undatierter Geschäftsverteilungsplan der Lagerleitung, Stadtarchiv Moosburg 06/73.

[82] Bayerischer Landtag, Verhandlungen des Bayerischen Landtags I. Tagung 1946/1947, Stenographische Berichte 1. Band, München 1948, S. 382.

[83] Rundschreiben des Ministeriums für Sonderaufgaben vom 17.04.1947, Bayerisches Hauptstaatsarchiv MSo 2012.

[84] Diester H., Meine Erlebnisse im amerikanischen Internierungslager Moosburg, o.O., o.J., S. 102; Beck F., Tagebuch eines Mannes, der Hungerturm hieß, München 1952, S. 80f.

[85] Horn C., Die Internierungs- und Arbeitslager in Bayern 1945-1952, Frankfurt 1992, S. 189f.

[86] Nicht näher datierte Aufstellung des katholischen Lagerpfarrers aus dem Jahr 1946, Pfarrarchiv Moosburg Lagerseelsorge 1946-1948.

[87] Liste des Standesamts Moosburg, Stadtarchiv Moosburg 06/82.

[88] Beck F., Tagebuch eines Mannes, der Hungerturm hieß, München 1952, S. 137; Diester H., Meine Erlebnisse im amerikanischen Internierungslager Moosburg, o.O., o.J., S. 315.

[89] Beck F., Tagebuch eines Mannes, der Hungerturm hieß, München 1952, S. 69; Diester H., Meine Erlebnisse im amerikanischen Internierungslager Moosburg, o.O., o.J., S. 47, 220.

[90] Horn C., Die Internierungs- und Arbeitslager in Bayern 1945-1952, Frankfurt 1992, S. 209f.

[91] Diester H., Meine Erlebnisse im amerikanischen Internierungslager Moosburg, o.O., o.J., S. 44; Beck F., Tagebuch eines Mannes, der Hungerturm hieß, München 1952, S. 60, 65.

[92] Beck F., Tagebuch eines Mannes, der Hungerturm hieß, München 1952, S. 45ff.

[93] Diester H., Meine Erlebnisse im amerikanischen Internierungslager Moosburg, o.O., o.J., S. 50.

[94] Beck F., Tagebuch eines Mannes, der Hungerturm hieß, München 1952, S. 45ff.

[95] Undatierter Geschäftsverteilungsplan der Lagerleitung, Stadtarchiv Moosburg 06/73.

[96] Ziche J. (Hg.), Briefwechsel in schwerer Zeit, München 2009, S. 64, 68, 72f., 75, 81.

[97] Horn C., Die Internierungs- und Arbeitslager in Bayern 1945-1952, Frankfurt 1992, S. 213f.; Allgemeine Richtlinien für den Arbeitseinsatz des Ministeriums für Sonderaufgaben vom 17.02.1947, Rundschreiben des Ministeriums für Sonderaufgaben vom 19.02.1947, beide Bayerisches Hauptstaatsarchiv MSo 2012.

[98] Aufstellung sämtlicher Münchener Kommandos; Rundschreiben des Sachbearbeiters für Ernährung vom 11.07.1947, beide Stadtarchiv Moosburg 06/73.

[99] Aufzeichnung der Lohnbuchstelle des Lagers vom 11.03.1947, Stadtarchiv Moosburg 06/73.

[100] Schreiben der Stadtverwaltung vom 27.03.1947, Stadtarchiv Moosburg 06/74.

[101] Schreiben des Ministeriums für Sonderaufgaben an das Internierungslager Moosburg vom 03.06.1947; zum Beispiel Anfrage einer Firma aus Landshut vom Sommer 1947 nach 45 Mann, Schreiben des Ministeriums für Sonderaufgaben an das Internierungslager Moosburg vom 03.06.1947; Anfrage eines Moosburger Betriebes nach 20 Mann vom 12.06.1947; Schreiben des Ministeriums für Sonderaufgaben an das Internierungslager Moosburg vom 03.06.1947, alle Stadtarchiv Moosburg 06/73.

[102] Tagebuch eines Internierten, zitiert in Ziche J. (Hg.), Briefwechsel in schwerer Zeit, München 2009, S. 63.

[103] Klose A., Das Internierungs- und Arbeitslager Regensburg 1945-1948, in: Verhandlungen des Historischen Vereins für Oberpfalz und Regensburg 144 (2004), S. 7-83, S. 40, 44; Rundschreiben des Ministeriums für Sonderaufgaben vom 17.02.1947, Bayerisches Hauptstaatsarchiv MSo 2012.

[104] Orzschig J., Rückblick in Verwunderung und Dankbarkeit, ifz Ms 2136-1, S. 87; Horn C., Die Internierungs- und Arbeitslager in Bayern 1945-1952, Frankfurt 1992, S. 216f.; Ziche J. (Hg.), Briefwechsel in schwerer Zeit, München 2009, S. 63; Bericht des MID vom 04.12.1947, ifz RG 260 15-124-1.

[105] Aufstellung der Abteilung V (Kultur), der Lagerbürgermeisterei vom 04.10.1946, Bayerisches Hauptstaatsarchiv NL Pfeiffer 129; Ziche J. (Hg.), Briefwechsel in schwerer Zeit, München 2009, S. 13, 15, 31; Rott W., Das kulturelle Leben, in: Doerfler H. (Hg.), Freiheit der Gefangenen, Düsseldorf 1970, S. 56-59, S. 58.

[106] Horn C., Die Internierungs- und Arbeitslager in Bayern 1945-1952, Frankfurt 1992, S. 203.

[107] Horn C., Die Internierungs- und Arbeitslager in Bayern 1945-1952, Frankfurt 1992, S. 142.

[108] Beck F., Tagebuch eines Mannes, der Hungerturm hieß, München 1952, S. 173; Diester H., Meine Erlebnisse im amerikanischen Internierungslager Moosburg, o.O., o.J., S. 229, 276, 337; Rott W., Das kulturelle Leben, in: Doerfler H. (Hg.), Freiheit der Gefangenen, Düsseldorf 1970, S. 56-59, S. 58.

[109] Beck F., Tagebuch eines Mannes, der Hungerturm hieß, München 1952, S. 96; Diester H., Meine Erlebnisse im amerikanischen Internierungslager Moosburg, o.O., o.J., S. 111, 233, 297.

[110] Beck F., Tagebuch eines Mannes, der Hungerturm hieß, München 1952, S. 97; Ziche J. (Hg.), Briefwechsel in schwerer Zeit, München 2009, S. 31; Diester H., Meine Erlebnisse im amerikanischen Internierungslager Moosburg, o.O., o.J., S. 109; Rott W., Das kulturelle Leben, in: Doerfler H. (Hg.), Freiheit der Gefangenen, Düsseldorf 1970, S. 56-58.

[111] Beck F., Tagebuch eines Mannes, der Hungerturm hieß, München 1952, S. 133.

[112] Ziche J. (Hg.), Briefwechsel in schwerer Zeit, München 2009, S. 55; Beck F., Tagebuch eines Mannes, der Hungerturm hieß, München 1952, S. 56; Rott W., Moosburg 1945/46, in: Doerfler H. (Hg.), Freiheit der Gefangenen, Düsseldorf 1970, S. 86-95, S. 87.

[113] Horn C., Die Internierungs- und Arbeitslager in Bayern 1945-1952, Frankfurt 1992, S. 196f.

[114] Beck F., Tagebuch eines Mannes, der Hungerturm hieß, München 1952, S. 165.

[115] Beck F., Tagebuch eines Mannes, der Hungerturm hieß, München 1952, S. 87ff.; Rott W., Das kulturelle Leben, in: Doerfler H. (Hg.), Freiheit der Gefangenen, Düsseldorf 1970, S. 56-59, S. 56; Anonymer Bericht an James K. Pollock von Januar 1946, ifz MZ 276 RI 2 (3).

[116] Beck F., Tagebuch eines Mannes, der Hungerturm hieß, München 1952, S. 113, 152f.; Ziche J. (Hg.), Briefwechsel in schwerer Zeit, München 2009, S. 27, 31, 52; Diester H., Meine Erlebnisse im amerikanischen Internierungslager Moosburg, o.O., o.J., S. 220, 290.

[117] Sammlung von Unterlagen, Bayerisches Hauptstaatsarchiv MSo 1994.

[118] Kutzenberger, Erinnerungen an Lagerpfarrer Wilhelm Rott, in: Doerfler H. (Hg.), Freiheit der Gefangenen, Düsseldorf 1970, S. 25-28, S. 25; Orzschig beschreibt, wie die große Mehrzahl der Gefangenen über den Zusammenbruch tief bestürzt war, der, so ist Orzschig J., Rückblick in Verwunderung und Dankbarkeit, ifz Ms 2136-1, S. 79, zu verstehen,

für diese Gruppe völlig überraschend kam und auch - jenseits der eigenen Verhältnisse – als persönliche Katastrophe empfunden wurde.

[119] Beck F., Tagebuch eines Mannes, der Hungerturm hieß, München 1952, S. 42.

[120] Lutz W. (Hg.), Hermann Dicknether, Wien 2008, S. 147; Diester H., Meine Erlebnisse im amerikanischen Internierungslager Moosburg, o.O., o.J., S. 174, 182.

[121] Für die katholische Kirche war im September 1947 ein Dekan für Kriegsgefangenen- und Interniertenseelsorge tätig (Schreiben des Dekans für Kriegsgefangenen- und Interniertenseelsorge vom 13.09.1947 an den Moosburger Stadtpfarrer, Pfarrarchiv Moosburg Lagerseelsorge 1946-1948), im November gab es einen eigenen Dekan für katholische Interniertenseelsorge in Südbayern (Schreiben des Dekans für katholische Interniertenseelsorge in Südbayern vom 08.11.1947 an den Moosburger Stadtpfarrer, Pfarrarchiv Moosburg Lagerseelsorge 1946-1948).

[122] Schreiben des Moosburger Stadtpfarrers an das erzbischöfliche Ordinariat von München und Freising vom 20.01.1948, Pfarrarchiv Moosburg Lagerseelsorge 1946-1948.

[123] Rott W., Weihnachten, in: Doerfler H. (Hg.), Freiheit der Gefangenen, Düsseldorf 1970, S. 44-45, S. 45.

[124] Diester H., Meine Erlebnisse im amerikanischen Internierungslager Moosburg, o.O., o.J., S. 178ff., 188, 192.

[125] Rott W., Weihnachten im Lager 1945, in: Doerfler H. (Hg.), Freiheit der Gefangenen, Düsseldorf 1970, S. 44-45, S. 45; Beck F., Tagebuch eines Mannes, der Hungerturm hieß, München 1952, S. 104; Diester H., Meine Erlebnisse im amerikanischen Internierungslager Moosburg, o.O., o.J., S. 192, 198f.

[126] Diester H., Meine Erlebnisse im amerikanischen Internierungslager Moosburg, o.O., o.J., S. 265.

[127] Diester H., Meine Erlebnisse im amerikanischen Internierungslager Moosburg, o.O., o.J., S. 351.

[128] Lutz W. (Hg.), Hermann Dicknether, Wien 2008, S. 147; Auch der Internierte Diester war von Pater Mayerhofer beeindruckt: „In Vorträgen und Predigten vertritt Pater M. mannhaft und mit schonungsloser Offenheit auch dem Amerikaner gegenüber unser Recht", ders., Meine Erlebnisse im amerikanischen Internierungslager Moosburg, o.O., o.J., S. 237. Der internierte, ehemalige Moosburger Bürgermeister schrieb an den Moosburger Stadtpfarrer am 06.02.1948: „Ihn [Mayerhofer, d. Verf.] wird kein Internierter vergessen, ob seiner mutigen, tapferen Haltung", Pfarrarchiv Moosburg Lagerseelsorge 1946-1948.

[129] Bericht des Moosburger Stadtpfarrers für die Monate Juli, August, September 1946, Pfarrarchiv Moosburg Lagerseelsorge 1946-1948;

Seelsorgebericht für 1946, Pfarrarchiv Moosburg; Diester H., Meine Erlebnisse im amerikanischen Internierungslager Moosburg, o.O., o.J., S. 351.

130 Schreiben des Caritasbeauftragten des Lagers an den Caritasdirektor in München vom 02.12.1947, Pfarrarchiv Moosburg Lagerseelsorge 1946-1948.

131 Seelsorgebericht für 1947, Pfarrarchiv Moosburg; Schreiben des katholischen Stadtpfarrers an das erzbischöfliche Ordinariat von München und Freising vom 20.01.1948, Pfarrarchiv Moosburg Lagerseelsorge 1946-1948.

132 Rott W., Aus dem 1. Brief, in: Doerfler H. (Hg.), Freiheit der Gefangenen, Düsseldorf 1970, S. 5; v. Eickstedt K., Erster Gottesdienst mit Rott, in: Doerfler H. (Hg.), Freiheit der Gefangenen, Düsseldorf 1970, S. 8-9, S. 8; Rott W., Moosburg 1945-1946, in: Doerfler H. (Hg.), Freiheit der Gefangenen, Düsseldorf 1970, S. 86-95, S. 88; Diester H., Meine Erlebnisse im amerikanischen Internierungslager Moosburg, o.O., o.J., S. 281.

133 Malbeck, Aus: Begegnung mit Pfarrern, in: Doerfler H. (Hg.), Freiheit der Gefangenen, Düsseldorf 1970, S. 9; Auch Orzschig beschreibt, welch großen Zulauf Rott hatte und wie sehr er den Nerv der Internierten traf und ihnen Hoffnung machte, ders., Rückblick in Verwunderung und Dankbarkeit, ifz Ms 2136-1, S. 79.

134 Rott W., Aus dem Brief vom 29. April 1946, in: Doerfler H. (Hg.), Freiheit der Gefangenen, Düsseldorf 1970, S. 74.

135 Rott W., Die Lagergemeinde, in: Doerfler H. (Hg.), Freiheit der Gefangenen, Düsseldorf 1970, S. 52-53, S. 52f.; Rott W., Moosburg 1945/46, in: Doerfler H. (Hg.), Freiheit der Gefangenen, Düsseldorf 1970, S. 86-95, S. 89f.; Diester H., Meine Erlebnisse im amerikanischen Internierungslager Moosburg, o.O., o.J., S. 348ff.

136 Diester H., Meine Erlebnisse im amerikanischen Internierungslager Moosburg, o.O., o.J., S. 350; Monatsbericht der Lagerleitung für Dezember 1946, Bayerisches Hauptstaatsarchiv MSo 2078.

137 Kutzenberger, Erinnerungen an Lagerpfarrer Wilhelm Rott, in: Doerfler H. (Hg.), Freiheit der Gefangenen, Düsseldorf 1970, S. 25-28, S. 26, 28.

138 Der Gottesdienst fand am Volkstrauertag statt, Ziche J. (Hg.), Briefwechsel in schwerer Zeit, München 2009, S. 86.

139 Diester H., Meine Erlebnisse im amerikanischen Internierungslager Moosburg, o.O., o.J., S. 97; Horn C., Die Internierungs- und Arbeitslager in Bayern 1945-1952, Frankfurt 1992, S. 221.

140 Seelsorgeberichte 1945 und 1946 des katholischen Stadtpfarrers, Pfarrarchiv Moosburg; Diester H., Meine Erlebnisse im amerikanischen Internierungslager Moosburg, o.O., o.J., S. 344f.

141 Rundschreiben des Ministeriums für Sonderaufgaben vom 17.04.1947, Bayerisches Hauptstaatsarchiv MSo 2012; Protokoll der Blockleiterbesprechung vom 17.06.1947, Stadtarchiv Moosburg KIR002.

142 Nachrichtenblatt für Moosburg und Umgebung Nr. 19/1945 vom 24.11.1945, Nr. 22/1945 vom 15.12.1945, Nr. 10/1946 vom 29.03.1946.

143 Diester H., Meine Erlebnisse im amerikanischen Internierungslager Moosburg, o.O., o.J., S. 317.

144 Lutz W. (Hg.), Hermann Dicknether, Wien 2008, S. 149; Beck F., Tagebuch eines Mannes, der Hungerturm hieß, München 1952, S. 37, 120f.; Diester H., Meine Erlebnisse im amerikanischen Internierungslager Moosburg, o.O., o.J., S. 164; Ziche J. (Hg.), Briefwechsel in schwerer Zeit, München 2009, S. 12.

145 Diester H., Meine Erlebnisse im amerikanischen Internierungslager Moosburg, o.O., o.J., S. 166; Protokoll einer Besprechung im Ministerium für Sonderaufgaben am 21.11.1946, Bayerisches Hauptstaatsarchiv NL Pfeiffer 126.

146 Horn C., Die Internierungs- und Arbeitslager in Bayern 1945-1952, Frankfurt 1992, S. 221.

147 Diester H., Meine Erlebnisse im amerikanischen Internierungslager Moosburg, o.O., o.J., S. 231, 235.

148 Horn C., Die Internierungs- und Arbeitslager in Bayern 1945-1952, Frankfurt 1992, S. 222f.; Monatsbericht der Lagerleitung für April 1947, Bayerisches Hauptstaatsarchiv MSo 2048.

149 Protokoll der Besprechung von Interniertenverbindungsmann Rußler mit den Stuben-, Baracken- und Blockleitern am 21.04.1947, Stadtarchiv Moosburg KIR 002.

150 Klose A., Das Internierungs- und Arbeitslager Regensburg, in: Verhandlungen des Historischen Vereins für Oberpfalz und Regensburg 144 (2004), S. 7-83, S. 50f. Es ist anzunehmen, dass diese Regelung nicht nur für das Lager Regensburg, sondern für alle Internierungslager in Bayern galt.

151 Diester H., Meine Erlebnisse im amerikanischen Internierungslager Moosburg, o.O., o.J., S. 227f.

152 Horn C., Die Internierungs- und Arbeitslager in Bayern 1945-1952, Frankfurt 1992, S. 223; Klose A., Das Internierungs- und Arbeitslager

Regensburg 1945-1948, in: Verhandlungen des Historischen Vereins für Oberpfalz und Regensburg 144 (2004), S. 7-83, S. 51f.

153 Schick C., Die Internierungslager, in: Broszat M./Henke K./Woller H. (Hgg.), Von Stalingrad zur Währungsreform, München 1988, S. 301-326, S. 307.

154 Horn C., Die Internierungs- und Arbeitslager in Bayern 1945-1952, Frankfurt 1992, S. 225; Klose A., Das Internierungs- und Arbeitslager Regensburg 1945-1948, in: Verhandlungen des Historischen Vereins für Oberpfalz und Regensburg 144 (2004), S. 7-83, S. 51; Monatsbericht der Lagerleitung für Dezember 1946, Bayerisches Hauptstaatsarchiv MSo 2078; Beck F., Tagebuch eines Mannes, der Hungerturm hieß, München 1952, S. 156f.; Zeitler P., Lageralltag in amerikanischen Internierungscamps (1945-1948), in: Archiv für Geschichte von Oberfranken 76 (1986), S. 371-392, S. 387f.

155 Zeitler P., Lageralltag in amerikanischen Internierungscamps (1945-1948), in: Archiv für Geschichte von Oberfranken 76 (1986), S. 371-392, S. 387ff.

156 Protokoll einer Besprechung im Ministerium für Sonderaufgaben am 21.11.1946, Bayerisches Hauptstaatsarchiv NL Pfeiffer 126; Zusatzbericht zum Monatsbericht der Lagerleitung für März 1947, Bayerisches Hauptstaatsarchiv MSo 2078.

157 Beck F., Tagebuch eines Mannes, der Hungerturm hieß, München 1952, S. 160; Dekadenbericht zum 31.03.1948, Bayerisches Hauptstaatsarchiv MSo 2086.

158 Diester H., Meine Erlebnisse im amerikanischen Internierungslager Moosburg, o.O., o.J., S. 280.

159 Beck F., Tagebuch eines Mannes, der Hungerturm hieß, München 1952, S. 39; Ziche J. (Hg.), Briefwechsel in schwerer Zeit, München 2009, S. 66.

160 Ziche J. (Hg.), Briefwechsel in schwerer Zeit, München 2009, S. 62ff.

161 Diester H., Meine Erlebnisse im amerikanischen Internierungslager Moosburg, o.O., o.J., S. 317; Horn C., Die Internierungs- und Arbeitslager in Bayern 1945-1952, Frankfurt 1992, S. 175f.; Liste im Standesamt Moosburg vom 07.11.1950, Stadtarchiv Moosburg 06/82.

162 Horn C., Die Internierungs- und Arbeitslager in Bayern 1945-1952, Frankfurt 1992, S. 175; Beck F., Tagebuch eines Mannes, der Hungerturm hieß, München 1952, S. 22.

163 Diester H., Meine Erlebnisse im amerikanischen Internierungslager Moosburg, o.O., o.J., S. 235ff.

164 Diester H., Meine Erlebnisse im amerikanischen Internierungslager Moosburg, o.O., o.J., S. 235f., 256f., 280.

165 Beck F., Tagebuch eines Mannes, der Hungerturm hieß, München 1952, S. 119; Diester H., Meine Erlebnisse im amerikanischen Internierungslager Moosburg, o.O., o.J., S. 245ff.

166 Beck F., Tagebuch eines Mannes, der Hungerturm hieß, München 1952, S. 117; Orzschig J., Rückblick in Verwunderung und Dankbarkeit, ifz Ms 2136-1, S. 83f.; Diester H., Meine Erlebnisse im amerikanischen Internierungslager Moosburg, o.O., o.J., S. 235f.

167 Diester H., Meine Erlebnisse im amerikanischen Internierungslager Moosburg, o.O., o.J., S. 255f.; Beck F., Tagebuch eines Mannes, der Hungerturm hieß, München 1952, S. 127; Schreiben des Leiters von Block VIII an Minister Pfeiffer vom 10.02.1947, Bayerisches Hauptstaatsarchiv NL Pfeiffer 129.

168 Horn C., Die Internierungs- und Arbeitslager in Bayern 1945-1952, Frankfurt 1992, S. 96ff., 176ff.; Klose A., Das Internierungs- und Arbeitslager Regensburg 1945-1948, in: Verhandlungen des Historischen Vereins für Oberpfalz und Regensburg 144 (2004), S. 7-83, S. 29f.; Schreiben der Landesstelle für Kohle vom 16.01.1948, Stadtarchiv Moosburg 06/73; Zusatzbericht zum Bericht der Lagerleitung für April 1947 Anlage 2, Bayerisches Hauptstaatsarchiv MSo 2080.

169 Horn C., Die Internierungs- und Arbeitslager in Bayern 1945-1952, Frankfurt 1992, S. 96ff., 176ff.; Klose A., Das Internierungs- und Arbeitslager Regensburg 1945-1948, in: Verhandlungen des Historischen Vereins für Oberpfalz und Regensburg 144 (2004), S. 7-83, S. 29f.; Bericht des stellvertretenden Lagerleiters vom 25.02.1947, Bayerisches Hauptstaatsarchiv NL Pfeiffer 129.

170 Horn C., Die Internierungs- und Arbeitslager in Bayern 1945-1952, Frankfurt 1992, S. 178ff.

171 Horn C., Die Internierungs- und Arbeitslager in Bayern 1945-1952, Frankfurt 1992, S. 180; Schreiben des Ministeriums für Sonderaufgaben an die Stadtpolizei Freising vom 31.03.1948, Bayerisches Hauptstaatsarchiv MSo 2048.

172 Horn C., Die Internierungs- und Arbeitslager in Bayern 1945-1952, Frankfurt 1992, S. 180.

173 Schreiben des Ministeriums für Sonderaufgaben vom 23.04.1947, Bayerisches Hauptstaatsarchiv MSo 2012.

174 Schreiben des Ministeriums für Sonderaufgaben vom 01.09.1946 an die deutsche Lagerleitung der Interniertenlager Moosburg, Augsburg und Regensburg, Bayerisches Hauptstaatsarchiv MSo 2012; Horn C., Die Internierungs- und Arbeitslager in Bayern 1945-1952, Frankfurt 1992, S. 179; Dekadenbericht zum 20.08.1947, Bayerisches Hauptstaats-

archiv MSo 0602; Dekadenbericht zum 31.03.1948, Bayerisches Hauptstaatsarchiv MSo 2086.

[175] Beck F., Tagebuch eines Mannes, der Hungerturm hieß, München 1952, S. 162; Bayerischer Landtag, Verhandlungen des Bayerischen Landtags I. Tagung 1946/1947, Stenographische Berichte 1. Band, München 1948, S. 376.

[176] Dekadenbericht zum 31.03.1948, Bayerisches Hauptstaatsarchiv MSo 2086; Horn C., Die Internierungs- und Arbeitslager in Bayern 1945-1952, Frankfurt 1992, S. 228.

[177] Horn C., Die Internierungs- und Arbeitslager in Bayern 1945-1952, Frankfurt 1992, S. 231.

[178] Diester H., Meine Erlebnisse im amerikanischen Internierungslager Moosburg, o.O., o.J., S. 106; Disziplin- und Ehrenordnung vom 05.08.1946, Bayerisches Hauptstaatsarchiv NL Pfeiffer 129.

[179] Diester H., Meine Erlebnisse im amerikanischen Internierungslager Moosburg, o.O., o.J., S. 45f., 46; Beck F., Tagebuch eines Mannes, der Hungerturm hieß, München 1952, S. 165.

[180] Ausführlich zu Hintergründen, Planungen und Ablauf der Entnazifizierung in Bayern sowie zur Internierung Niethammer L., Entnazifizierung in Bayern, Frankfurt 1972.

[181] Vollnhals C., Entnazifizierung, München 1991, S. 19; Klose A., Das Internierungs- und Arbeitslager Regensburg, in: Verhandlungen des Historischen Vereins für Oberpfalz und Regensburg 144 (2004), S. 7-83, S. 62f.

[182] Niethammer L., Entnazifizierung in Bayern, Frankfurt 1972, S. 388; Vollnhals C., Entnazifizierung, München 1991, S. 17ff. Die vorläufige Einstufung hatte für die Betroffenen gravierende Folgen, da sie bis zum Abschluss ihres Verfahrens nur für gewöhnliche Arbeiten eingesetzt werden und keine leitenden Positionen bekleiden durften.

Unterstützt wurden die öffentlichen Kläger von Auswertern, die die Fragebögen und andere Unterlagen prüften und eine Einstufung vornahmen. Diese Auswerter waren schlecht ausgebildet und bezahlt, hatten wenig Erfahrung und waren überlastet, sodass es immer wieder zu zu niedrigen Einstufungen kam, Niethammer L., Entnazifizierung in Bayern, Frankfurt 1972, S. 336ff., 381ff., 447ff., 574f.; Bericht des Bayerischen Befreiungsministers Pfeiffer auf der 12. Tagung des Länderrates der US-Zone am 10.09.1946, abgedruckt bei Vollnhals C., Entnazifizierung, München 1991, S. 277.

[183] Vollnhals C., Entnazifizierung, München 1991, S. 259ff.; Baer F., Die Ministerpräsidenten Bayerns 1945-1962, München 1971, S. 37ff.; Vollnhals C., Entnazifizierung, München 1991, S. 17ff.

[184] Niethammer L., Entnazifizierung in Bayern, Frankfurt 1972, S. 388.

[185] Niethammer L., Entnazifizierung in Bayern, Frankfurt 1972, S. 344ff., 392, 396; Hierzu auch Vollnhals C., Entnazifizierung in West- und Ostdeutschland. Konzeption und Praxis, in: Knigge-Tesche R./Reif-Spirek P./Ritscher B. (Hgg.), Internierungspraxis in Ost- und Westdeutschland nach 1945, Erfurt 1993, S. 9-29, S. 16; ders., Entnazifizierung, München 1991, S. 18.

[186] Niethammer L., Entnazifizierung in Bayern, Frankfurt 1972, S. 346f.

[187] Bericht der Spruchkammer für den Oktober 1947, Nationalarchiv RG 260 Box 1; Aufstellung vom 19.10.1946, Bayerisches Hauptstaatsarchiv MSo 158; Office of Military Government for Germany – Internal Affairs and Communications Division – Public Safety Branch – Denazification Field Inspection Unit Zone VII, Inspektionsbericht vom 21.12.1946, ifz RG 260 15-124-1.

[188] Bericht der Spruchkammer aus dem Juni 1947, Nationalarchiv RG 260 Box 1.

[189] Aktenvermerk vom 18.09.1947, Bayerisches Hauptstaatsarchiv MSo 0158.

[190] Sonderminister Loritz am 25.04.1947 im Landtag, Bayerischer Landtag, Verhandlungen des Bayerischen Landtags I. Tagung 1946/47, Stenographische Berichte 1. Band, München 1948, S. 384.

[191] Bayerisches Hauptstaatsarchiv NL Pfeiffer 129; Bericht der Militärregierung für Freising für den Zeitraum vom 01.10.1946 bis zum 31.12.1946, Nationalarchiv RG 260 Box 226.

[192] Special Report vom 23.08.1947, Ersteller unbekannt; Basis der Erkenntnisse war laut Bericht unter anderem ein Gespräch mit dem Spruchkammerpräsidenten und dem öffentlichen Kläger, Nationalarchiv RG 260 Box 19.

[193] Bayerisches Hauptstaatsarchiv MSo 0602.

[194] Dekadenbericht des Lagers München-Außenstelle Moosburg für den Zeitraum vom 01.04.1948 bis zum 10.04.1948, Bayerisches Hauptstaatsarchiv MSo 2088.

Die Kammer in Regensburg hatte bis zum Ende ihrer Amtszeit am 10.06.1948 3.031 Verfahren erledigt und 42 Internierte in Klasse 1, 1.069 in Klasse 2, 1.489 in Klasse 3, 378 in Klasse 4, und 53 in Klasse V eingestuft. In Regensburg wurden anstehende Verhandlungen gegen Internierte im Amtsblatt der Stadt und in der Mittelbayerischen Zeitung veröffentlicht unter Nennung von Namen und Wirkungsort und mit der Aufforderung, belastendes Material vorzubringen, Klose A., Das Internierungs- und Arbeitslager Regensburg, in: Verhandlungen des Historischen Vereins für Oberpfalz und Regensburg 144 (2004), S. 7-83, S. 71ff.

195 Bericht der Spruchkammer Moosburg für Dezember 1947, Nationalarchiv RG 260 Box 1.

196 Hintergrund war der Versuch der Militärregierung, die Entnazifizierung unter Kontrolle zu halten. Dazu wurden neben einem ausführlichen und detaillierten Statistiksystem und einem Apparat zu Überprüfung der einzelnen Entscheidungen auch ein System von Inspektionen eingeführt, Niethammer L., Entnazifizierung in Bayern, Frankfurt 1972, S. 405; Office of Military Government for Germany – Internal Affairs and Communications Division – Public Safety Branch, Inspektionsbericht vom 06.01.1947, ifz RG260 15-124-1; Im Jahr 1947 führte eine Dienststelle der Special Branch im Lager die Überprüfungen der Spruchkammerurteile durch, Bericht der Militärregierung für Freising Nationalarchiv RG 260 Box 226; Office of Military Government for Bavaria – Special Branch Advisory Team, Inspektionsbericht vom 07.11.1946, ifz RG260 15-124-1; Office of Military Government for Germany – Internal Affairs and Communications Division – Public Safety Branch – Denazification Field Inspection Unit Zone VII, Inspektionsbericht vom 21.12.1946, ifz RG260 15-124-1.

197 Security Report vom 12.12.1947, ifz RG260 15-124-1.

198 Bayerischer Landtag, Verhandlungen des Bayerischen Landtags I. Tagung 1946/47, Stenographische Berichte 1. Band, München 1948, S. 377.

199 Ziche J. (Hg.), Briefwechsel in schwerer Zeit, München 2009, Brief vom 16.06.1947, S. 115.

200 Unsignierter Bericht von Anfang Oktober 1946, Bayerisches Hauptstaatsarchiv NL Pfeiffer 129.

201 Bericht des MID zum 08.01.1948, ifz RG 260 15-124-1.

202 Orzschig J., Rückblick in Verwunderung und Dankbarkeit, ifz Ms 2136-1, S. 80; Horn C., Die Internierungs- und Arbeitslager in Bayern 1945-1952, Frankfurt 1992, S. 205.

203 Bericht vom August 1946, der Verfasser ist unbekannt. Es dürfte sich jedoch um einen Internierten gehandelt haben, Bayerisches Hauptstaatsarchiv MSo 1964; Horn C., Die Internierungs- und Arbeitslager in Bayern 1945-1952, Frankfurt 1992, S. 205.

204 Fait B., Die Kreisleiter der NSDAP nach 1945, in: Broszat M./Henke K./Woller H. (Hgg.), Von Stalingrad zur Währungsreform, München 1990, S. 213-300, S. 228.

205 Horn C., Die Internierungs- und Arbeitslager in Bayern 1945-1952, Frankfurt 1992, S. 90f.

206 Bericht des MID vom 18.12.1947, ifz RG 260-124-1.

207 Horn C., Die Internierungs- und Arbeitslager in Bayern 1945-1952, Frankfurt 1992, S. 195; Vollnhals C., Entnazifizierung, München 1991, S. 238.

208 Nachrichtenblatt für Moosburg und Umgebung Nr. 6/1945 vom 25.08.1945.

209 Beck F., Tagebuch eines Mannes, der Hungerturm hieß, München 1952, S. 36ff., 54, 73ff., 142, 203; Ziche J. (Hg.), Briefwechsel in schwerer Zeit, München 2009, S. 10, 13, 26.

210 Horn C., Die Internierungs- und Arbeitslager in Bayern 1945-1952, Frankfurt 1992, S. 240; Vollnhals C., Entnazifizierung, München 1991, S. 238, 240.

211 v. Eickstedt K., Die Schuldfrage, in: Doerfler H. (Hg.), Freiheit der Gefangenen, Düsseldorf 1970, S. 77-78; ergänzend Rott W., Aus dem Brief vom 29. April 1946, in: Doerfler H. (Hg.), Freiheit der Gefangenen, Düsseldorf 1970, S. 74.

212 Reither D., Internment Camp No 6 Moosburg, Moosburg/Norderstedt 2021, S. 229ff.

213 Unsignierter Bericht von Anfang Oktober 1946, Bayerisches Hauptstaatsarchiv NL Pfeiffer 129.

214 Diester H., Meine Erlebnisse im amerikanischen Internierungslager Moosburg, o.O., o.J., S. 53, 54f.; „Mit welchem Recht werden jetzt Beamte, die jahrzehntelang dem Staat treu und einwandfrei gedient haben und denen keinerlei strafrechtliche oder auch nur disziplinäre Schuld bewiesen werden kann, nicht nur wegen ihrer politischen Anschauung aus ihrem Amt entfernt, vielmehr ihnen die Beamtenrechte entzogen, ja sogar die Vermögen beschlagnahmt? - Ein ungeheuerlicher Eingriff!", ebd., S. 54.

215 Orzschig J., Rückblick in Verwunderung und Dankbarkeit, ifz Ms 2136-1, S. 83.

216 Predigt zum 08.06.1947, Pfarrarchiv Moosburg Lagerseelsorge 1946-1948.

217 Horn C., Die Internierungs- und Arbeitslager in Bayern 1945-1952, Frankfurt 1992, S. 233ff.; Beattie A., Die alliierte Internierung im besetzten Deutschland und die deutsche Gesellschaft, in: Zeitschrift für Geschichtswissenschaft 62 (2014), S. 239-256, S. 245; Anonymer Bericht an James K. Pollock von Januar 1946, ifz MZ 276 RI 2 (3).

218 Diester H., Meine Erlebnisse im amerikanischen Internierungslager Moosburg, o.O., o.J., S. 238ff.

219 Bericht des CIC vom 30.10.1947, ifz RG 260 15-124-1; Bericht des MID vom 08.01.1948, ifz RG 260 15-124-1.

220 Horn C., Die Internierungs- und Arbeitslager in Bayern 1945-1952, Frankfurt 1992, S. 233ff.; Beattie A., Die alliierte Internierung im besetzten Deutschland und die deutsche Gesellschaft, in: Zeitschrift für Geschichtswissenschaft 62 (2014), S. 239-256, S. 245; Anonymer Bericht an James K. Pollock von Januar 1946, ifz MZ 276 RI 2 (3).

221 Niethammer L., Entnazifizierung in Bayern, Frankfurt 1972, S. 458f.; Bericht des Interniertenverbindungsmannes von Mai 1947, Stadtarchiv Moosburg KIR002; Predigt „Totensonntag in Moosburg" von Pater Mayerhofer, Pfarrarchiv Moosburg Lagerseelsorge 1946-1948; Bericht des Interniertenvertrauensmannes für Oktober 1947, Bayerisches Hauptstaatsarchiv MSo 2081.

222 Horn C., Die Internierungs- und Arbeitslager in Bayern 1945-1952, Frankfurt 1992, S. 233ff.; Beattie A., Die alliierte Internierung im besetzten Deutschland und die deutsche Gesellschaft, in: Zeitschrift für Geschichtswissenschaft 62 (2014), S. 239-256, S. 245; Anonymer Bericht an James K. Pollock von Januar 1946, ifz MZ 276 RI 2 (3).

223 Bericht des CIC vom 24.10.1947, ifz RG 260 15-124-1; Zusatzbericht zum Monatsbericht der Lagerleitung für April 1947, Anlage 2, Bayerisches Hauptstaatsarchiv MSo 2080; Bericht des MID vom 25.12.1947, ifz RG 260 15-124-1; Predigt „Totensonntag in Moosburg" von Pater Mayerhofer, Pfarrarchiv Moosburg Lagerseelsorge 1946-1948; Ziche J. (Hg.), Briefwechsel in schwerer Zeit, München 2009, S. 100f.

224 Fait B., Die Kreisleiter der NSDAP nach 1945, in: Broszat M./Henke K./Woller H. (Hgg.), Von Stalingrad zur Währungsreform, München 1990, S. 213-299, S. 227f.; Horn C., Die Internierungs- und Arbeitslager in Bayern 1945-1952, Frankfurt 1992, S. 233ff.; Speziell für Moosburg Zusammenstellung des internierten Professors Dr. Schneider vom 31.10.1946, Stadtarchiv Moosburg KIR002.

225 Schreiben des Moosburger Stadtpfarrers an das Erzbischöfliche Ordinariat vom 15.03.1947, Pfarrarchiv Moosburg Lagerseelsorge 1946-1948.

226 Beck F., Tagebuch eines Mannes, der Hungerturm hieß, München 1952, S. 85; Diester H., Meine Erlebnisse im amerikanischen Internierungslager Moosburg, o.O., o.J., S. 223.

227 Horn C., Die Internierungs- und Arbeitslager in Bayern 1945-1952, Frankfurt 1992, S. 238f.; Schreiben des Internierten Rußler vom 16.10.1946 an den Lagerbürgermeister, Stadtarchiv Moosburg KIR002.

228 Beck F., Tagebuch eines Mannes, der Hungerturm hieß, München 1952, S. 49f.

229 Diester H., Meine Erlebnisse im amerikanischen Internierungslager Moosburg, o.O., o.J., S. 172, 184.

230 Horn C., Die Internierungs- und Arbeitslager in Bayern 1945-1952, Frankfurt 1992, S. 219; Diester H., Meine Erlebnisse im amerikanischen Internierungslager Moosburg, o.O., o.J., S. 173.

231 Beck F., Tagebuch eines Mannes, der Hungerturm hieß, München 1952, S. 79; Diester H., Meine Erlebnisse im amerikanischen Internierungslager Moosburg, o.O., o.J., S. 101; Doerfler H., Hunger in der Baracke, in: ders. (Hg.), Freiheit der Gefangenen, Düsseldorf 1970, S. 13.

232 Diester H., Meine Erlebnisse im amerikanischen Internierungslager Moosburg, o.O., o.J., S. 105ff.

233 Brief des Moosburger Bürgermeisters vom 06.02.1948, Pfarrarchiv Moosburg Lagerseelsorge 1946-1948.

234 Protokoll der Besprechung von Interniertenverbindungsmann Rußler mit den Stuben-, Baracken- und Blockleitern vom 21.04.1947; Protokoll der Besprechung der Blockleiter vom 17.06.1947, beide Stadtarchiv Moosburg KIR002; Undatierter und unsignierter Bericht von Ende Oktober 1946, Bayerisches Hauptstaatsarchiv NL Pfeiffer 129.

235 Diester H., Meine Erlebnisse im amerikanischen Internierungslager Moosburg, o.O., o.J., S. 127.

236 Diester H., Meine Erlebnisse im amerikanischen Internierungslager Moosburg, o.O., o.J., S. 161; Brief des internierten Bürgermeisters Dr. Müller vom 06.08.1946, Pfarrarchiv Moosburg Lagerseelsorge 1946-1948.

237 Schreiben vom 26.07.1947, Stadtarchiv Moosburg KIR002.

238 Beck F., Tagebuch eines Mannes, der Hungerturm hieß, München 1952, S. 49.

239 So sagten zum Beispiel Internierte aus Süddeutschland Internierten aus Ostdeutschland Hilfe für die Zeit nach der Entlassung zu, Rott W., Die Lagergemeinde, in: Doerfler H. (Hg.), Freiheit der Gefangenen, Düsseldorf 1970, S. 52-53, S. 53; Ziche J. (Hg.), Briefwechsel in schwerer Zeit, München 2009, S. 22; Tagebuch eines anderen Internierten, zitiert nach Ziche J. (Hg.), Briefwechsel in schwerer Zeit, München 2009, S. 51.

240 Ziche J. (Hg.), Briefwechsel in schwerer Zeit, München 2009, S. 11.

241 Pfarrarchiv Moosburg Lagerseelsorge 1946-1948.

242 Bayerischer Landtag, Verhandlungen des Bayerischen Landtags I. Tagung 1946/1947, Stenographische Berichte 1. Band, München 1948, S. 381.

243 Diester H., Meine Erlebnisse im amerikanischen Internierungslager Moosburg, o.O., o.J., S. 96, 97; Lutz W. (Hg.), Hermann Dicknether,

Wien 2008, S. 144f.; Ziche J. (Hg.), Briefwechsel in schwerer Zeit, München 2009, S. 90f.

[244] Horn C., Die Internierungs- und Arbeitslager in Bayern 1945-1952, Frankfurt 1992, S. 218ff.

[245] Görtemaker M., Geschichte der Bundesrepublik Deutschland, München 1999, S. 29; Thränhardt D., Geschichte der Bundesrepublik Deutschland, Frankfurt 1996, S. 20; Wehler H., Deutsche Gesellschaftsgeschichte Band IV, München 2003, S. 952f.

[246] Wehler H., Deutsche Gesellschaftsgeschichte Band IV, München 2003, S. 954.

[247] Bayerischer Landtag, Verhandlungen des Bayerischen Landtags I. Tagung 1946/1947, Stenographische Berichte 1. Band, München 1948, S. 384.

[248] Seelsorgeberichte des katholischen Stadtpfarrers von Moosburg für 1945, 1946 und 1947, Pfarrarchiv Moosburg.

[249] Stadtarchiv Moosburg 06/82.

[250] Totensonntag in Moosburg, Pfarrarchiv Moosburg Lagerseelsorge 1946-1948.

[251] Predigt am 08. Juni 1947, Pfarrarchiv Moosburg, Lagerseelsorge 1946-1948.

[252] Overesch M., Buchenwald und die DDR, Göttingen 1995, S. 207ff.; Liste des Standesamts Moosburg, Stadtarchiv Moosburg 06/82.

[253] Inspektionsbericht vom 21.04.1947, ifz RG 260 15-124-1; Niethammer L., Deutschland danach, Bonn 1999, S. 277.

[254] Beck F., Tagebuch eines Mannes, der Hungerturm hieß, München 1952, S. 25; Bericht des CIC vom 03.10.1947, ifz RG 260 15-124-1.

[255] Hegenbarth F., War Crime Suspect, Jena 2014, S. 37ff.

[256] Diester H., Meine Erlebnisse im amerikanischen Internierungslager Moosburg, o.O., o.J., S. 44.

[257] Beck F., Tagebuch eines Mannes, der Hungerturm hieß, München 1952, S. 85.

[258] Diester H., Meine Erlebnisse im amerikanischen Internierungslager Moosburg, o.O., o.J., S. 98f.; Zu den Misshandlungen auch Beck F., Tagebuch eines Mannes, der Hungerturm hier, München 1952, S. 82; Hegenbarth F., War Crime Suspect, Jena 2014, S. 44ff., 52ff.

[259] Rott W., Moosburg 1945/46, in: Doerfler H. (Hg.), Freiheit der Gefangenen, S. 86-95, S. 86.

[260] Wochenbericht der Militärregierung für Freising für 11.-17.11.1945 und 18.-24.11.1945, Nationalarchiv RG 260 Box 626; Beck F., Tagebuch eines Mannes, der Hungerturm hieß, München 1952, S. 125; Diester H., Meine Erlebnisse im amerikanischen Internierungslager Moosburg, o.O., o.J., S. 259.

[261] Diester H., Meine Erlebnisse im amerikanischen Internierungslager Moosburg, o.O., o.J., S. 67, 90, 157.

[262] Dienst- und Vollzugsordnung für die bayerischen Arbeitslager nach dem Gesetz zur Befreiung von Nationalsozialismus und Militarismus vom 05.03.1946, Bayerisches Hauptstaatsarchiv NL Pfeiffer 127.

[263] Eidesstattliche Versicherung des Interniertenvertrauensmannes vom 02.05.1947, Stadtarchiv Moosburg KIR002.

[264] Ziche J. (Hg.), Briefwechsel in schwerer Zeit, München 2009, S. 99, 102f., 109; auch private Telefonat und Urlaub zu einem Treffen mit Angehörigen waren wieder möglich, ebd., S. 101. Ein solcher Privatbesuch fand tatsächlich im April 1947 statt, ebd., S. 104f., 116, 125.

[265] Beck F., Tagebuch eines Mannes, der Hungerturm hieß, München 1952, S. 40.

[266] Beck F., Tagebuch eines Mannes, der Hungerturm hieß, München 1952, S. 168f.

[267] Bayerischer Landtag, Verhandlungen des Bayerischen Landtags I. Tagung 1946/1947, Stenographische Berichte 1. Band, München 1948, S. 381.

[268] Diester H., Meine Erlebnisse im amerikanischen Internierungslager Moosburg, o.O., o.J., S. 211.

[269] Kutzenberger, Erinnerungen an den Lagerpfarrer Wilhelm Rott, in: Doerfler H. (Hg.), Freiheit der Gefangenen, Düsseldorf 1970, S. 25-28, 26, 28; Ziche J. (Hg.), Briefwechsel in schwerer Zeit, München 2009, S. 86.

[270] Rott W., Aus dem Brief vom 5. Januar 1946, in: Doerfler H. (Hg.), Freiheit der Gefangenen, Düsseldorf 1970, S. 47; Malbeck, Aus: Begegnungen mit Pfarrern, in: Doerfler H. (Hg.), Freiheit der Gefangenen, Düsseldorf 1970, S. 9; Lutz W. (Hg.), Hermann Dicknether, Wien 2008, S. 147; Diester H., Meine Erlebnisse im amerikanischen Internierungslager Moosburg, o.O., o.J., S. 237; Brief des internierten ehemaligen Moosburger Bürgermeisters an den Moosburger Stadtpfarrer vom 06.02.1948, Pfarrarchiv Moosburg Lagerseelsorge 1946-1948.

[271] Niethammer L., Entnazifizierung in Bayern, Frankfurt 1972, S. 578f.

[272] Bayerischer Landtag, Verhandlungen des Bayerischen Landtags I. Tagung 1946/1947, Stenographische Berichte 1. Band, München 1948, S. 375.

[273] Artikel in der Zeitung „Stars und Stripes" der US-Streitkräfte vom 12.12.1945, in Übersetzung angedruckt bei Diester H., Meine Erlebnisse im amerikanischen Internierungslager Moosburg, o.O. o.J., S. 355ff.

[274] Zum „Verbrecherblock" Malbeck, Gottesdienst in der „Verbrecher-Baracke", in: Doerfler H. (Hg.), Freiheit der Gefangenen, Düsseldorf 1970, S. 74.

[275] Monatsbericht für Dezember 1946, Bayerisches Hauptstaatsarchiv MSo 2048.

[276] Bericht des MID vom 18.12.1947, ifz RG 260 15-124; Monatsbericht für Dezember 1947, Bayerisches Hauptstaatsarchiv MSo 2048.

[277] Dekadenbericht zum 20.02.1948, Bayerisches Hauptstaatsarchiv MSo 2086.

[278] Horn C., Die Internierungs- und Arbeitslager in Bayern 1945-1952, Frankfurt 1992, S. 159; Bayerischer Landtag, Verhandlungen des Bayerischen Landtags I. Tagung 1946/1947, Stenographische Berichte 1. Band, München 1948, S. 376.

[279] Undatierte (aufgrund eines Hinweises auf ein Interview mit Minister Loritz kann die Aufstellung auf Dezember 1946 bis Juni 1947, die Amtszeit von Loritz, eingegrenzt werden), ungezeichnete Aufstellung, vermutlich von der Lagerbürgermeisterei, Bayerisches Hauptstaatsarchiv NL Pfeiffer 129.

[280] Beck F., Tagebuch eines Mannes, der Hungerturm hieß, München 1952, S. 63, 82.

[281] Diester H., Meine Erlebnisse im amerikanischen Internierungslager Moosburg, o.O., o.J., S. 40ff., 159, 189, 241, 269, 276; Staatsarchiv München Interniertenkarteien Moosburg; Beck F., Tagebuch eines Mannes, der Hungerturm hieß, München 1952, S. 31, 41, 83; zu den Zahlen: undatierte Denkschrift „Die Wahrheit über Moosburg", Stadtarchiv Kulmbach Akte 192-0131.

[282] Staatsarchiv München Interniertenkartei Moosburg; Zu Müller: Reither D., Zwischen Hakenkreuz und Sternenbanner, Moosburg/Norderstedt 2020, S. 184f.; Pfarrarchiv Moosburg Lagerseelsorge 1946-1948.

[283] Undatierte Denkschrift „Die Wahrheit über Moosburg", Stadtarchiv Kulmbach Akte 192-0131.

[284] Undatierte (aufgrund eines Hinweises auf ein Interview mit Minister Loritz kann die Aufstellung auf Dezember 1946 bis Juni 1947, die Amtszeit von Loritz, eingegrenzt werden), ungezeichnete Aufstellung, vermutlich von der Lagerbürgermeisterei, Bayerisches Hauptstaatsarchiv NL Pfeiffer 129.

[285] Undatierte (aufgrund eines Hinweises auf ein Interview mit Minister Loritz kann die Aufstellung auf Dezember 1946 bis Juni 1947, die Amtszeit von Loritz, eingegrenzt werden), ungezeichnete Aufstellung, vermutlich von der Lagerbürgermeisterei, Bayerisches Hauptstaatsarchiv NL Pfeiffer 129.

[286] Monatsbericht der Lagerleitung für April 1947, Bayerisches Hauptstaatsarchiv MSo 2078.

[287] Rott W., Aus dem Brief vom 5. Januar 1946, in: Doerfler H. (Hg.), Freiheit der Gefangenen, Düsseldorf 1970, S. 47; Rott W., Der Frauenblock, in: Doerfler H. (Hg.), Freiheit der Gefangenen, Düsseldorf 1970, S. 48.

[288] Anonymer Bericht an James K. Pollock von Januar 1946, ifz MZ 276 RI 2 (3); Diester H., Meine Erlebnisse im amerikanischen Internierungslager Moosburg, o.O., o.J., S. 286.

[289] Bethge E., Dietrich Bonhoeffer, München 1967, S. 639; Metaxas E., Bonhoeffer, Holzgerlingen 2011, S. 324; Schlingensiepen F., Dietrich Bonhoeffer, München 2006, S. 270; Die Situation Rotts war kein Einzelfall. Er gehörte damit zu einer sehr kleinen Minderheit von Internierten, die aufgrund der Kategorien des automatic arrest verhaftet wurden, obwohl sie tatsächlich Opfer oder Gegner des Nationalsozialismus gewesen waren.

[290] Bethge E., Dietrich Bonhoeffer, München 1967, S. 661, 838ff.; Rott W., Mein Weg nach Moosburg, in: Doerfler H. (Hg.), Freiheit der Gefangenen, Düsseldorf 1970, S. 5-7, S. 5f.; Rott W., Aus dem 1. „illegalen" Brief, in: Doerfler H. (Hg.), Freiheit der Gefangenen, Düsseldorf 1970, S. 41-42, S. 41.

[291] Liste des Moosburger Standesamts über die im Lager Verstorbenen, Stadtarchiv Moosburg 06/82.

[292] Müller G., Ernst Krieck und die nationalsozialistische Wissenschaftsreform, Weinheim 1978, S. 107ff., 125ff., 139, 608; Giesecke H., Hitlers Pädagoge, München 1993, S. 55f.

[293] Giesecke H., Hitlers Pädagoge, München 1993, S. 45, 47ff.

[294] Rott W., Weihnachten, in: Doerfler H. (Hg.), Freiheit der Gefangenen, Düsseldorf 1970, S. 44-45, S. 45.

[295] Kemper A., „Ich stand vor ihr wie vor einem Richter", Zeitmagazin Nr. 39 vom 19.09.2019, S. 19-30, basierend auf einem Interview mit Johanna Haarers Tochter.

[296] Beck F., Tagebuch eines Mannes, der Hungerturm hieß, München 1952, S. 152; Staatsarchiv München Interniertenkarteien Moosburg.

[297] Scholtyseck J., Der Aufstieg der Quandts, München 2011, S. 726ff.; Jungblut R., Die Quandts, Frankfurt 2002, S. 110ff., 139ff.

[298] Staatsarchiv München Interniertenkarteien Moosburg.

[299] Herz R., Hoffmann&Hitler, München 1994, S. 34ff., 40, 42, 47, 57, 64.

[300] Fraschka M., Franz Pfeffer von Salomon, Göttingen 2016, S. 495.

[301] Fraschka M., Franz Pfeffer von Salomon, Göttingen 2016, S. 495f., 504, 511ff., 519.

[302] Diester H., Meine Erlebnisse im amerikanischen Internierungslager Moosburg, o.O. o.J., S. 56.

[303] Büschel H., Hitlers adeliger Diplomat, Frankfurt 2016, S. 80ff., 138ff.; 234; Sandner H., Hitlers Herzog, Aachen 2010, S. 424, 426f.

[304] Staatsarchiv München Interniertenkarteien Moosburg; Klee E., Das Personenlexikon zum Dritten Reich, Hamburg 2016, „Burgsdorff, Curt"; Präg W./Jacobmeyer W. (Hgg.), Das Diensttagebuch des deutschen Generalgouverneurs in Polen 1939-1945, Stuttgart 1975, S. 757.

[305] Präg W./Jacobmeyer W. (Hgg.), Das Diensttagebuch des deutschen Generalgouverneurs in Polen 1939-1945, Stuttgart 1975, S. 8ff., 29, 767, 803, 904f.

[306] Artikel der Zeitung „Stars and Stripes" vom 12.12.1945, abgedruckt bei Diester H., Meine Erlebnisse im amerikanischen Internierungslager Moosburg, o.O., o.J., S. 355ff; Reither D., Internment Camp No 6 Moosburg, Moosburg/Norderstedt 2021, S. 344 FN 1554.

[307] Prozessunterlagen zum Dachau-Hauptprozess, Case No. 000-50-2, www.jewishvirtuallibrary.org, S. 1, 45, 195f.

[308] Staatsarchiv München Interniertenkarteien Moosburg; Christmann B., Hanns Eisele, Marburg 2011, S. 33, 39, 55ff.; 63f., 77.

[309] Staatsarchiv München Interniertenkarteien Moosburg.

[310] Prozessunterlagen zum Dachau-Hauptprozess, Case No. 000-50-2, www.jewishvirtuallibrary.org, S. 1, 35ff.; Klee E., Auschwitz, die NS-Medizin und ihre Opfer, Frankfurt 1997, S. 21.

[311] Klee E., Was sie taten – was sie wurden, Frankfurt 1986, S. 67; Reinhold Vorberg ist auf einer am 10.07.1948 erstellten Liste über Fluchten aufgeführt, Nationalarchiv RG 260 Box 8.

[312] LG Frankfurt/Main, Az. 4 StR 489/68; Aly G., Die „Aktion T 4" – Modell des Massenmordes, in: ders. (Hg.), Aktion T4 1939-1945, S. 11-21; Aly G., Die Belasteten, Frankfurt 2013, S. 230; Brokmeier P., Die Vorstufe der Endlösung, in: Gewerkschaftliche Monatshefte 21 (1970), S. 28-37; Burleigh M., Tod und Erlösung, Zürich 2002, S. 133ff.

[313] LG Frankfurt/Main, Az. 4 StR 489/68; Brokmeier P., Die Vorstufe der Endlösung, in: Gewerkschaftliche Monatshefte 21 (1970), S. 28-37; Ley A., Vom Krankenmord zum Genozid, in: Dachauer Monatshefte 25 (2009), S. 36-49.

[314] Staatsarchiv München Interniertenkarteien Moosburg.

[315] Longerich P., Wannseekonferenz, München 2016, S. 8ff., 153ff.

[316] Longerich P., Hitlers Stellvertreter, München 1992, S. 8ff., 13, 22, 82, 128f., 151, 153ff., 222; Heckmann M., Gerhard Klopfer, in: Jasch H./Kreutzmüller C. (Hgg.), Die Teilnehmer, Berlin 2017, S. 181-196, S. 182ff., 186ff.; Römer G., Es gibt immer zwei Möglichkeiten, Augsburg 2000, S. 73.

[317] Staatsarchiv München Interniertenkarteien Moosburg.

[318] Neliba G., Staatssekretär Kleinmann und Nachfolger Ganzenmüller im Reichsverkehrsministerium ab 1937, in: ders. (Hg.) Staatssekretäre des NS-Regimes, Berlin 2005, S. 73-99; Gottwaldt A., Dorpmüllers Reichsbahn, Freiburg 2009, S. 192.

[319] Lichtenstein H., Mit der Reichsbahn in den Tod, Köln 1985, S. 120ff.; Gottwaldt A., Dorpmüllers Reichsbahn, Freiburg 2009, S. 195f., 232.

[320] Lichtenstein H., Mit der Reichsbahn in den Tod, Köln 1985, S. 120ff.; Dekadenbericht zum 20.12.1947, Bayerisches Hauptstaatsarchiv MSo 2084.

[321] Klee E., Braun, Wernher von, in: Klee E., Das Personenlexikon zum Dritten Reich, Frankfurt 2016, S. 72.

[322] Mc Dougall W., The Heavens and the Earth, New York 1985, S. 44; Wavel B., Dr. Space: The Life of Wernher von Braun, Annapolis 2009, S. 58; in einem Fragenbogen in seiner FBI-Akte ist angegeben: von Mai bis September 1945 im Army Interrogation Camp, Garmisch-Partenkirchen, Az. 105-10747, vault.fbi.gov; In zwei Lebensläufen in der CIA-Akte von Wernher von Braun wird angegeben, er sei von Juni bis Juli 1945 bzw. Mai bis September 1945 im Speziallager Garmisch-Partenkirchen untergebracht gewesen, Nationalarchiv RG 263 Box 16. Zwar beweisen diese Angaben nicht, dass sich von Braun in dieser Zeit tatsächlich nur in Garmisch-Partenkirchen aufgehalten hätte, es ist jedoch davon auszugehen, dass er in diesem Lager in dieser Zeit registriert war, was wiederum gegen eine Internierung in Moosburg spricht. Dabei ist auch zu bedenken, dass kein Grund für eine Verlegung von Garmisch nach Moosburg ersichtlich ist.

[323] Henze B., Von Witzenhausen zum Mond, in: Ostpreußenblatt 29/1999 vom 24.07.1999.

324 Wavel B., Dr. Space: The Life of Wernher von Braun, Annapolis 2009, S. 59ff.; Vermerk in der FBI-Akte über Wernher von Braun, Az. 105-10747, vault.fbi.gov;

325 Wavel B., Dr. Space: The Life of Wernher von Braun, Annapolis 2009, S. 60.

326 Vermerk in von Brauns FBI-Akte, Az. 105-10747, vault.fbi.gov.

327 Wavel B., Dr. Space: The Life of Wernher von Braun, Annapolis 2009, S. 58ff., Mc Dougall W., The Heavens and the Earth, New York 1985, S. 44.

328 Niethammer L., Entnazifizierung in Bayern, Frankfurt 1972, S. 259.

Literaturverzeichnis

I. Quellen

1. Ungedruckte Quellen

Nationalarchiv Washington

RG 260 Box 1

RG 260 Box 3

RG 260 Box 8

RG 260 Box 19

RG 260 Box 226

RG 260 Box 626

RG 263 Box 16

RG 407 Box 1592

Bayerisches Hauptstaatsarchiv

MArb Landesflüchtlingsverwaltung 1669

MSo 0158

MSo 0602

MSo 1964

MSo 1966

MSo 1994

MSo 2012

MSo 2048

MSo 2078

MSo 2080

MSo 2081

MSo 2084

MSo 2086

MSo 2088

NL Pfeiffer 126

NL Pfeiffer 127

NL Pfeiffer 129

Staatsarchiv München

Interniertenkarteien Moosburg

Institut für Zeitgeschichte (ifz)

MZ 276 RI 2 (3)

Orzschig J., Rückblick in Verwunderung und Dankbarkeit, Ms 2136-1

RG 260 15-124-1

Stadtarchiv Kulmbach

192-0131

Stadtarchiv Moosburg

06/73

06/74

06/82

06/92

06/99

KIR002

WIH005

Diester H., Meine Erlebnisse im amerikanischen Internierungslager Moosburg, o.O., o.J

Nachrichtenblatt für Moosburg und Umgebung 1945-1948

Pfarrarchiv Moosburg

Lagerseelsorge 1946-1948

Seelsorgeberichte 1945, 1946, 1947

2. Gedruckte Quellen

Bayerischer Landtag, Verhandlungen des Bayerischen Landtags I. Tagung 1946/47, Stenographische Berichte 1. Band, München 1948

Beck F., Tagebuch eines Mannes, der Hungerturm hieß, München 1952

Doerfler H., Hunger in der Baracke, in: ders. (Hg.), Freiheit der Gefangenen, Düsseldorf 1970, S. 13

v. Eickstedt K., Die Schuldfrage, in: Doerfler H. (Hg.), Freiheit der Gefangenen, Düsseldorf 1970, S. 77-78

v. Eickstedt K., Erster Gottesdienst mit Rott, in: Doerfler H. (Hg.), Freiheit der Gefangenen, Düsseldorf 1970, S. 8-9

Hegenbarth F., War Crime Suspect, Jena 2014

Kutzenberger, Erinnerungen an Lagerpfarrer Wilhelm Rott, in: Doerfler H. (Hg.), Freiheit der Gefangenen, Düsseldorf 1970, S. 25-28

Lutz W. (Hg.), Hermann Dicknether, Wien 2008

Malbeck, Aus: Begegnung mit Pfarrern, in: Doerfler H. (Hg.), Freiheit der Gefangenen, Düsseldorf 1970, S. 9.

Malbeck, Gottesdienst in der „Verbrecher-Baracke", in: Doerfler H. (Hg.), Freiheit der Gefangenen, Düsseldorf 1970, S. 74

Peters H. J., Die eindrucksvollste Predigt in meinem Leben, in: Doerfler H. (Hg.), Freiheit der Gefangenen, Düsseldorf 1970, S. 10-12

Präg W./Jacobmeyer W. (Hgg.), Das Diensttagebuch des deutschen Generalgouverneurs in Polen 1939-1945, Stuttgart 1975

Rott W., Aus dem 1. Brief, in: Doerfler H. (Hg.), Freiheit der Gefangenen, Düsseldorf 1970, S. 5

Rott W., Aus dem 1. „illegalen" Brief, in: Doerfler H. (Hg.), Freiheit der Gefangenen, Düsseldorf 1970, S. 41-42

Rott W., Aus dem Brief vom 5. Januar 1946, in: Doerfler H. (Hg.), Freiheit der Gefangenen, Düsseldorf 1970, S. 47

Rott W., Aus dem Brief vom 29. April 1946, in: Doerfler H. (Hg.), Freiheit der Gefangenen, Düsseldorf, 1970, S. 74

Rott W., Das kulturelle Leben, in: Doerfler H. (Hg.), Freiheit der Gefangenen, Düsseldorf 1970, S. 56-59

Rott W., Der Frauenblock, in: Doerfler H. (Hg.), Freiheit der Gefangenen, Düsseldorf 1970, S. 48

Rott W., Die Lagergemeinde, in: Doerfler H. (Hg.), Freiheit der Gefangenen, Düsseldorf 1970, S. 52-53

Rott W., Mein Weg nach Moosburg, in: Doerfler H. (Hg.), Freiheit der Gefangenen, Düsseldorf 1970, S. 5-7

Rott W., Moosburg 1945/46, in: Doerfler H. (Hg.), Freiheit der Gefangenen, Düsseldorf 1970, S. 86-95

Rott W., Weihnachten, in: Doerfler H. (Hg.), Freiheit der Gefangenen, Düsseldorf, S. 44-45

Simmel J., Es muss nicht immer Kaviar sei, Gütersloh 1964

Ziche J. (Hg.), Briefwechsel in schwerer Zeit, München 2009

II. Literatur

Aly G., Die „Aktion T 4" – Modell des Massenmordes, in: ders. (Hg.), Aktion T 4 1939-1945, Berlin 1989, S. 11-21

Aly G., Die Belasteten, Frankfurt 2013

Baer F., Die Ministerpräsidenten Bayerns 1945-1962, München 1971

Beattie A., Die alliierte Internierung im besetzten Deutschland und die deutsche Gesellschaft, in: Zeitschrift für Geschichtswissenschaft 62 (2014), S. 239-256

Beattie A., Allied Internment Camps in Occupied Germany, Cambridge 2020

Beer W., Aus Stalag wird Camp No. 6, in: Heimatverein Moosburg (Hg.), 20 Jahre Heimatverein Moosburg, Moosburg 1998, S. 138-143

Bethge E., Dietrich Bonhoeffer, München 1967

Bierling S., Geschichte der amerikanischen Außenpolitik, München 2003

Brokmeier P., Die Vorstufe der Endlösung, in: Gewerkschaftliche Monatshefte 21 (1970), S. 28-37

Büschel H., Hitlers adeliger Diplomat, Frankfurt 2016

Burleigh M., Tod und Erlösung, Zürich 2002

Christmann B., Hanns Eisele, Marburg 2011

Dotterweich V., Die „Entnazifizierung" in: Becker J./Stammen T./Waldmann P (Hgg.), Vorgeschichte der Bundesrepublik Deutschland, München 1979, S. 123-161

Doyscher R., Vom Vertriebenenlager zur Neustadtsiedlung, in: Heimatverein Moosburg (Hg.), 20 Jahre Heimatverein Moosburg, Moosburg 1998, S. 143-148

Fait B., Die Kreisleiter der NSDAP nach 1945, in: Broszat M./Henke K./Woller H. (Hgg.), Von Stalingrad zur Währungsreform, München 1990, S. 213-299

Fraschka M., Franz Pfeffer von Salomon, Göttingen 2016

Giesecke H., Hitlers Pädagogen, München 1993

Görtemaker M., Geschichte der Bundesrepublik Deutschland, München 1999

Gottwaldt A., Dorpmüllers Reichsbahn, Freiburg 2009

Heckmann M., Gerhard Klopfer, in: Jasch H./Kreutzmüller C. (Hgg.), Die Teilnehmer, Berlin 2017, S. 181-196

Henze B., Von Witzenhausen zum Mond, in: Ostpreußenblatt 29/1999 vom 24.07.1999

Herz R., Hoffmann& Hitler, München 1994

Hoffmann P., Widerstand, Staatsstreich, Attentat, München 1979

Horn C., Die Internierungs- und Arbeitslager in Bayern 1945-1952, Frankfurt 1992

Kemper A., „Ich stand vor ihr wie vor einem Richter", Zeitmagazin Nr. 39 vom 19.09.2019, S. 19-30

Klee E., Auschwitz, die NS-Medizin und ihre Opfer, Frankfurt 1997

Klee E., Braun, Wernher von, in: Klee E., Das Personenlexikon zum Dritten Reich, Frankfurt 2016, S. 72

Klee E., Das Personenlexikon zum Dritten Reich, Hamburg 2016

Klee E., Was sie taten – was sie wurden, Frankfurt 1986

Klose A., Das Internierungs- und Arbeitslager Regensburg 1945-1948, in: Verhandlungen des Historischen Vereins für Oberpfalz und Regensburg 144 (2004), S. 7-83

Jungblut R., Die Quandts, Frankfurt 2002

Koehn B., Der deutsche Widerstand gegen Hitler, Berlin 2007

Kunz A., Die Wehrmacht 1944/45. Eine Armee im Untergang, in: Müller R. (Hg.), Der Zusammenbruch des deutschen Reiches 1945 - Die Folgen des Zweiten Weltkriegs, Militärgeschichtliches Forschungsamt (Hg.), Das deutsche Reich und der Zweite Weltkrieg, 10. Band 2. Halbband, München 2008, S. 3-54

Ley A., Vom Krankenmord zum Genozid, in: Dachauer Hefte 25 (2009), S. 36-49

Lichtenstein H., Mit der Reichsbahn in den Tod, Köln 1985

Longerich P., Hitlers Stellvertreter, München 1992

Longerich P., Wannseekonferenz, München 2016

Mc Dougall W., The Heavens and the Earth, New York 1985

Metaxas E., Bonhoeffer, Holzgerlingen 2011

Müller G., Ernst Krieck und die nationalsozialistische Wissenschaftsreform, Weinheim 1978

Neliba G., Staatssekretär Kleinmann und Nachfolger Ganzenmüller im NS-Reichsverkehrsministerium ab 1937, in: ders. (Hg.), Staatssekretäre des NS-Regimes, Berlin 2005, S. 73-99

Niethammer L., Deutschland danach, Bonn 1999

Niethammer L., Die amerikanische Besatzungsmacht zwischen Verwaltungstradition und politischen Parteien in Bayern 1945, in: Vierteljahreshefte für Zeitgeschichte 15 (1967), S. 153-210

Niethammer L., Entnazifizierung in Bayern, Frankfurt 1972

Overesch M., Buchenwald und die DDR, Göttingen 1995

Reither D., Internment Camp No 6 Moosburg Moosburg/Norderstedt 2021

Reither D., Stalag VII A Moosburg, Moosburg 2015

Reither D., Zwischen Hakenkreuz und Sternenbanner, Moosburg/Norderstedt 2020

Römer G., Es gibt immer zwei Möglichkeiten, Augsburg 2000

Sandner H., Hitlers Herzog, Aachen 2010

Schick C., Die Internierungslager, in: Broszat M./Henke K./Woller H. (Hgg.), Von Stalingrad zur Währungsreform, München 1988, S. 301-326

Schlingensiepen F., Dietrich Bonhoeffer, München 2007

Scholtyseck J., Der Aufstieg der Quandts, München 2011

Thränhardt D., Geschichte der Bundesrepublik Deutschland, Frankfurt 1996

Überschär G., Der militärische Umsturzplan „Walküre" in: Steinbach P./Tuchel J. (Hgg.), Widerstand gegen die nationalsozialistische Diktatur, 1933-1945, S. 489-504

Vollnhals C., Entnazifizierung, München 1991

Vollnhals C., Entnazifizierung in West- und Ostdeutschland. Konzeption und Praxis, in: Knigge-Tesche R./Reif-Spirek P./Ritscher B. (Hgg.), Internierungspraxis in Ost- und Westdeutschland nach 1945, Erfurt 1993, S. 9-29

Wavel B., Dr. Space: The Life of Wernher von Braun, Annapolis 2009

Wehler H., Deutsche Gesellschaftsgeschichte Band IV, München 2003

Zeitler P., Lageralltag in amerikanischen Internierungscamps (1945-1948), in: Archiv für Geschichte von Oberfranken 76 (1986), S. 371-392

III. Internet

Case No. 000-50-2 (Dachau Hauptprozess), www.jewishvirtuallibrary.org

LG Frankfurt 4 StR 489/68

FBI-Akte Wernher von Braun, Az. 105-10747, vault.fbi.gov

IV. Verzeichnis der Bildquellen

Die Abbildungen stammen aus folgenden Archiven und Werken, die in der Bildunterschrift zum Teil nur im Kurztitel angegeben werden.

Archiv Karl A. Bauer

Beck F., Hungerturm = Beck F., Tagebuch eines Mannes, der Hungerturm hieß, München 1952

Diester H., Meine Erlebnisse im amerikanischen Internierungslager Moosburg 1945/1946, o.O., o.J.

Doerfler H. (Hg.), Freiheit = Doerfler H. (Hg.), Freiheit der Gefangenen, Düsseldorf 1970

Heimatmuseum Moosburg

Hegenbarth F., War Crime Suspect, Jena 2014

Nationalarchiv Washington

Pflanz H., Das Internierungslager = Pflanz H., Das Internierungslager Moosburg 1945-1948, Beltheim 2014

Stadtarchiv Moosburg

Verzeichnis häufig gebrauchter Abkürzungen

BDM: Bund Deutscher Mädel

CIC: Counter Intelligence Corps

DAF: Deutsche Arbeitsfront

MID: Military Intelligence Division

OMGB: Office of Military Government for Bavaria

OMGUS: Office of Military Government for Germany

NSKK: Nationalsozialistisches Kraftfahrkorps

NSV: Nationalsozialistische Volkswohlfahrt

OKH: Oberkommando des Heers

OKW: Oberkommando der Wehrmacht

RM: Reichsmark

Verwendete Abkürzungen in den Quellenangaben:

ebd.:   ebenda (= vorgenannte Quelle)

ders.:   derselbe (= vorgenannter Autor)

o.O., o.J: ohne Ort, ohne Jahr

[sic!]:   so (= so steht es in der Quelle)

Der Autor

Dr. Dominik Reither, M.A., Dipl. Jur., geboren 1979 in Moosburg a.d. Isar, studierte in Regensburg und Aberdeen Jura, Geschichte und Politikwissenschaft. 2008 wurde er über ein wissenschaftsgeschichtliches Thema zum Dr. phil. promoviert.

Nach dem Referendariat in Regensburg und Absolvierung des 2. Juristischen Staatsexamens ist er seit 2009 als Richter und Staatsanwalt in Landshut tätig.

Dominik Reither ist Lehrbeauftragter an der Hochschule Weihenstephan-Triesdorf sowie Referent bei der Volkshochschule Moosburg und beim Katholischen Kreisbildungswerk Freising e.V. Neben der Geschichte Moosburgs befasst er sich vor allem mit dem Kriegsgefangenenlager Stalag VII A und dem Internierungslager Moosburg.

Herausgeber

Der Verein **Stalag Moosburg e.V.** hat die Erforschung und Dokumentation der Geschichte des Kriegsgefangenenlagers Stalag VII A in Moosburg a.d. Isar und seiner Folgeentwicklungen zum Ziel. Internationale und interkulturelle Begegnungen mit Bürgern, Besuchern und Angehörigen ehemaliger Kriegsgefangener, Veranstaltungen und Projekte sollen das historische Erbe der Stadt gegenwarts- und zukunftsgerecht wahren helfen.

www.stalag-moosburg.de

Von Dominik Reither sind auch folgende Bücher zu Moosburg erschienen:

Gemeinsam mit Rudolf Heinz und Christian Willner:
Architektur & Kunst in Moosburg an der Isar – Moosburg 2005

Die verbotene Stadt und ihre Zeit
– Moosburg im 12. Jahrhundert, Moosburg 2010

Stalag VII A Moosburg
– Ein Kriegsgefangenenlager 1939-1945, Moosburg 2015
ISBN 978-3743117983

Wie Moosburg von Landshut und München überholt wurde
– Eine vergleichende Stadtgeschichte,
Moosburg/Norderstedt 2016 – ISBN 978-3750408340

Gemeinsam mit Karl Rausch, Elke Abstiens und Christine Fößmeier, M.A.:
Auf den Spuren verlorener Identitäten
– Sowjetische Kriegsgefangene im Stalag VII A,
Moosburg/Norderstedt 2018 – ISBN 978-3746096087

Zwischen Hakenkreuz und Sternenbanner
– Kriegsende und Nachkriegszeit in Moosburg,
Moosburg/Norderstedt 2020 – ISBN 978-3752699098

Internment Camp No 6 Moosburg
– Ein Internierungslager in der US-Zone 1945–1948,
Moosburg/Norderstedt 2021 – ISBN: 978-3753482316

1250 Jahre Moosburg
– Von den Anfängen bis ins 21. Jahrhundert, Moosburg 2022